JN056746

フォビアがいっぱい

高山陽子・編

春風社
shumpusha
publishing

フォビアがいっぱい

Phobia

多文化共生社会を生きるために

第**3**部　エゴフォビア

第**4**部　オーバー・フォビアズ

はじめに

　フォビア（phobia）には、特定のモノや場所に対する恐怖心と、特定の人に対する激しい嫌悪や憎悪という意味がある。前者には、高所恐怖症（acrophobia）や閉所恐怖症（claustrophobia）、集合体恐怖症（trypophobia）などがあり、先天的か後天的かは未だに判明していないが、個人的な症状であるゆえ、他者への攻撃へ向かうことはない。他方、後者の同性愛恐怖症（homophobia、以下ホモフォビアとする）や外国人恐怖症（xenophobia、以下ゼノフォビアとする）、女性恐怖症（gynophobia）、イスラム恐怖症（Islamophobia）などは、ある特定の属性を持つ人へのフォビア、すなわち、対人フォビアである。これは、時として、ヘイトクライム（憎悪犯罪）を引き起こす。実際、同性愛カップルやMTF（トランスジェンダー女性）などを狙うヘイトクライムに関する報道が目につくようになった。

　日本に目を向けると、2010年代以降、外国人労働者や外国人観光客の急増にともなって、ゼノフォビアに基づくヘイトスピーチも増えていった。LGBT当事者の人権保障の必要性が主張されるほど、ホモフォビアの人々も同性愛嫌悪を声高に主張するようになっていった。社会の多様性を認めようとすればするほど、それを拒絶する人も増えていった。

　2020年にはじまる新型コロナウイルスの感染拡大は、社会が潜在的に持つ多種多様なフォビアを浮かび上がらせた。それまで外国人嫌いだと認識していなかった人でも、「あの国から来た人たちがコロナを広げた」という思い込みによって、しばしばゼノフォビアにとりつかれてしまうこともあった。コロナ禍における先行きの見えない不安は、対人フォビアの発症を促したとも言える。その発症に加担したのは、SNSを通して蔓延したフェイクニュースの数々である。特定の対人フォビアを持つ人が発信したフェイクニュースが、瞬く間に拡散し、人々のフォビアをあおっていった。

　こうした社会の混乱について、哲

4

学者のスラヴォイ・ジジェクはいち早く『パンデミック――世界をゆるがした新型コロナウイルス』を著し、まもなく日本語訳が刊行された。その中でジジェクは以下のように述べている。

> 今回のコロナウイルスの感染拡大をきっかけに、社会の片隅に眠っていたイデオロギーのウイルスが大流行を起こしている。フェイクニュース、妄想的な陰謀論、そして人種差別の爆発。十分な医学的根拠のある隔離政策に対してですら、明確な境界を引き、自分たちのアイデンティティを脅かす敵を隔離しろ、というイデオロギーの圧力がかかった。[*]

本書は、対人フォビアとは何か、それを克服するにはどうすればよいかを考える。均質化を是とした近代社会では、自分と異なる存在を嫌がるのは当然となっていった。21世紀に入り、社会の多様性が認められるようになると同時に、異なる他者への恐怖や嫌悪も生まれていった。

したがって、対人フォビアと日本社会の多様化は切り離せないものとなる。この点については第1部「ゼノフォビア」と第2部「ジェンダー・フォビア」で扱う。

対人フォビアを持っていたとしても、必ずしも他者への攻撃に向かうわけではない。その中のごく一部がヘイトクライムを犯し、ごく一部が犯罪に至らなくてもSNS上で執拗に批判的な書き込みをする。なぜフォビアは攻撃的な行為をともなうのか。さらにいえば、自分にとって直接的に関わりのない人々に対して、なぜそこまで執拗に憎悪の感情を抱くのか。

憎悪の理由には様々なものがあるが、自分が信念とする正しさが特定の他者に脅かされるという恐怖や、フォビアの対象となっている他者に自分自身を投影するという強い自己嫌悪が挙げられる。自己責任論がまかり通る現代では、現実の自分と理想の自分のギャップに苦しみ、幾重にも絡まった自己嫌悪を抱くことがある。「○○できれば幸せになる」はずなのに、○○ができないために

---

[*] スラヴォイ・ジジェク『パンデミック――世界をゆるがした新型コロナウイルス』中林敦子訳、Pヴァイン、2020年、p. 33。

コンプレックスに苛まれることもあれば、自分の身体に嫌悪が向かうと醜形恐怖症（body dysmorphic phobia）という形で顕在化し、過激なダイエットを繰り返すことにもなる。第2部に引き続いて、第3部「エゴフォビア」では、こうした自分に向かう強い自己嫌悪をエゴフォビア（これは本書の造語）として扱う。こうしたフォビアを克服する方法を第4部で模索する。その第一歩が自分の中にある憎悪の感情に対面し、それが何に起因するかを認識することである。

　そのためにはものごとを正しく理解し、適切な判断をする知性が必要とされる。しかし、現代社会は複雑であり、社会のしくみを把握するのは容易ではない。丹念に様々な著作を読みながら、内面化された規範がいくつもの生きづらさを作り出していることを認識し、そこから脱却することが自分にとっても周囲の人にとっても幸せにつながるはずである。

　本書では各所にピクトグラムを用いたイラストが登場する。絵文字であるピクトグラムは、言語を越えて意味を伝えることができる。原型は20世紀初頭に作られていたが、広く普及したのは、1964年の東京オリンピックのときであった。当時、日本人の多くは英語をはじめとする外国語のコミュニケーションは不得手であった。訪日外国人に公共施設を理解してもらうため、様々な絵文字が開発された。ピクトグラムの有効性が見いだされると、1972年のミュンヘン・オリンピックではさらに多くのピクトグラムが作られた。

　本書におけるピクトグラムは、単純に意味を伝える絵文字というよりも、むしろカリカチュアに近いかもしれない。ピクトグラムを見ながら、多文化共生を妨げるフォビアはどのように生じるかを考えてみよう【0-1】。

名前：**ピクトグラム**
性別：**不表明**
国籍：**不表明**
年齢：**不表明**
性格：**皮肉屋**

【0-1】ピクトグラム

　本書では注意して使ってほしい単語および本来の意味とは異なる文脈で用いる単語を**ゴシック**で表記する。**ハーフ**や**モテ**、**ヤセ**など日常的によく使う言葉を考え直すきっかけとしてほしい。

第 **1** 部

ゼノフォビア
Xenophobia

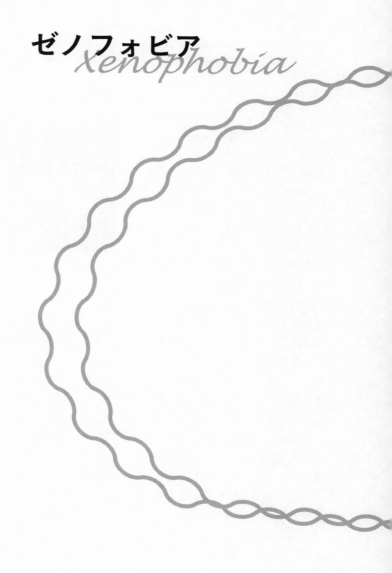

いつの間にかこんなに…！

外国人労働者

大塚直樹

はじめに

　ここ10年来、講義において「ベトナムのイメージ」という題目で自由記載を求めてきた。講義年数を重ねるなかで、学生コメントにはっきりとした変化がみられた。

　初期には、ベトナム戦争や枯れ葉剤の問題、冷戦を舞台としたハリウッド映画、自然環境、ベトナム料理への言及とともに、「あまりなじみがない」というコメントが目立った。次第に、「東南アジアといえばベトナム」、「バイト先など身近にベトナム人がいる」といったコメントが増えていった。

　このことから近年、学生にとって、ベトナムのイメージや距離感が以下のように変化してきていることがわかる。第1にベトナムがよりなじみある近い存在になってきていること、第2に現在進行形的な親近感が生まれていることである【1-1】。

　近年、訪日ベトナム人は増加の一途をたどっている。2019年までの

1-1　都内の100円ショップで売られていたベトナム雑貨

ベトナム人の入国者数を確認すると、2014年に10万人台に到達し、2019年は49万人以上が訪日している。2003年の訪日者数が1.7万人であったことから、ここ十数年間で29倍ちかく増加したことになる。

　また、インターネットで配信される、昨今のベトナムに関する国内紙のニュースを閲覧すると、第1に首都圏以外の地域におけるベトナム人との文化交流や、ベトナム人の活動をなどが目につく。次に、異文化としてのベトナム人を描き出す報道がみられる。例えば、職場での昼寝（シエスタ）の習慣を取り上げたり、独特な食文化やそれに付随した日本の

1990 年 6 月「出入国管理及び難民認定法」（通称、入管法）改正
外国人労働者の受け入れ増加
在留資格に「定住者」が加えらる
日系 3 世までに就労資格が与えられる

1993 年 4 月　技能実習制度のはじまり
「技能実習制度に係る出入国管理上の取扱いに関する指針」

2010 年 7 月　入管法改正
在留資格に「技能実習」が創設される
従来の研修期間も労働者として仕事ができるようになる

2018 年 12 月　入管法改正
在留資格「特定技能 1 号」「特定技能 2 号」の創設

I-2　日本における出入国管理の推移

ベトナム料理店などが紹介される。最後にベトナム人にからむ軽犯罪その他、ネガティブな面での報道である。以上のような報道は領域横断的になされる場合もある。除草目的で飼育されていたヤギをベトナム人が窃盗し、解体・調理してしまったという数年前の報道などは、ベトナムにおけるヤギ食文化と犯罪報道が複層化している例といえよう。

　以上から、異なるとみなされていた存在が身近になることは、親近感を増す可能性をもたらす一方、異なるものに対する驚異やそれに対する嫌悪感のようなもの、言い換えれば、フォビアを誘引する可能性をはらむといえよう。本章では、訪日ベトナム人を事例として、こうした問題を歴史的に読み解くとともに「フォビアとの付き合い方」を考えてみたい。

いつの間に？　日本の入り方

　1990 年の入管法改正にはじまった一連の法改正のうち、在留資格に「技能実習」が設けられたことがベトナム人労働者の移入の引き金となった【1-2】。1993 年 4 月に「技能実習制度に係る出入国管理上の取扱いに関する指針」が施行され、技能実習制度が創設された。2010 年 7 月には、入管法が改正され、在留資格に「技能実習」が創設されことで、従来研修とされた期間も労働者として仕事に従事できるようになった。

　また、2018 年 12 月に「出入国管理及び難民認定法及び法務省設置法の一部を改正する法律」が成立し、同年 12 月 14 日に公布された。この改正では、在留資格に「特定技能 1 号」および「特定技能 2 号」が創設され、従来、単純労働として就労

が許可されていなかった14分野で外国人の労働が認められた。法改正の要旨として「人材を確保することが困難な状況にある産業上の分野に属する技能を有する外国人の受入れを図るため」と記され、1990年の入管法改正と比較しても日本における労働力不足という社会状況が鮮明になっている。

もう一方のベクトルとして、2003年にはじまった「ビジット・ジャパン・キャンペーン」（以下VJCとする）があげられよう。VJCとは、当時の小泉純一郎首相の肝いりではじめられた外国人観光客誘致策を指す。2003年1月31日付「第156回国会における小泉内閣総理大臣施政方針演説」にて、インバウンド観光とアウトバウンド観光との旅行者数の不均衡の是正を目指し、2010年に訪日外国人数を1,000万人にする目標が述べられた。

なぜ不均衡を是正する必要があるのだろうか。その背景を理解するためには、2002年6月に打ち出された「経済財政運営と構造改革に関する基本方針2002」にさかのぼる必要がある。同方針では、「経済活性化戦略」の一つの戦略として「産業発掘戦略」があげられている。その一つに「観光産業の活性化・休暇の

長期連続化」があり、「内外の人々にとって魅力ある日本を構築し、観光産業を活性化する。その際、場所と場所を結ぶ「輸送」の発想から、「経験し、楽しむ」産業へと変わる必要がある」と述べられている。

この戦略提言を受けて、国土交通省では、2002年12月に「グローバル観光戦略」を発表した。その冒頭で、従来アウトバウンド観光が注目を集めてきたことを言及した後、「その結果、見過ごされがちであった外国人旅行者の受入れは低調なまま推移し、2001年の477万人という実績は、日本人の海外旅行者数1,622万人の1/3~1/4に過ぎない。また、外国人旅行者の受入れは、外貨を獲得するという観点から言えば一種の輸出産業と見ることもできるが、観光に関する国際収支は約3.5兆円もの赤字であり、著しく不均衡な交流となっている」と記載されている。また、「グローバル観光戦略」の意義として、国際相互理解の促進、経済活性化の起爆剤、地域の魅力の再発見があげられている。

VJCとは結局のところ経済活性化政策であり、構造改革の一角であった。不均衡の是正は、すなわち観光を取り巻く国際収支の赤字削減を意味していたのである。

以上から明らかなように、近年の外国人増加の背後には、訪日外国人によって、労働力不足を補うことと同時に外貨を獲得することという、ベクトルを異にするものの、いずれも日本の経済的利益優先の姿勢が鮮明に現れている。

訪日／在日ベトナム人の戦後史

訪日と在日というタームを同一視することはできない。ただし、当人が置かれる法的・社会的状況によって訪日／在日の概念は必ずしも明確に境界線を引くことができるわけではないことも事実であろう。他方で、「日本にいるベトナムからきた人々」というイメージによって漠然と一つの集団としてとらえられているのではないだろうか。ここでは、戦後に日本を訪れたベトナム人の動向を、統計数値から追ってみたい。

法務省が発表しているベトナム人の入国者数を【1-3】に示した。同省のホームページでは、1950年からの統計が示されており、ここではVJCが始まる直前の2002年までの入国者数を掲載した。【1-3】から三つの傾向が読み取れる。まず、1955年以降、それまで二桁であっ

年	実数	年	実数
1950	18	1976	342
1951	75	1977	989
1952	20	1978	1,034
1953	33	1979	1,422
1954	93	1980	1,527
1955	351	1981	1,414
1956	539	1982	1,403
1957	703	1983	1,327
1958	560	1984	1,096
1959	629	1985	1,329
1960	750	1986	1,153
1961	867	1987	1,017
1962	853	1988	1,508
1963	508	1989	3,335
1964	993	1990	2,149
1965	776	1991	2,476
1966	1,032	1992	3,199
1967	2,638	1993	4,616
1968	2,029	1994	5,789
1969	2,715	1995	7,868
1970	2,634	1996	9,473
1971	1,511	1997	10,753
1972	1,199	1998	11,663
1973	1,411	1999	12,341
1974	1,292	2000	14,247
1975	637	2001	16,374
		2002	18,144

1-3 ベトナム人入国者数
（1950~2002 年）
（法務省資料より作成）

た入国者数が三桁となり、その後も漸進的に増加・微減を繰り返していたこと、次に、1975年になるとその傾向が変化して前年比で半減したこと、そして、1980年代末以降、右肩上がりに増加していることがあ

げられる。

　三つの傾向は、ベトナムの「戦後史」ならびに日本との外交史をそのまま反照している。1954年のジュネーブ休戦協定によって第1次インドシナ戦争が終結し、北緯17度線が暫定軍事境界線となった。1955年には、国民投票の結果、ゴ・ディン・ジェムを大統領とするベトナム共和国（南ベトナム）が建設された。日本政府は、ベトナム共和国の前身に相当するバオダイ・ベトナム国と1951年に平和条約を締結し、1953年に国交を回復していた。

　1973年のパリ協定を経て、1975年4月にベトナム戦争が終結して南ベトナム政権が崩壊した。翌76年にベトナム社会主義共和国の建国が宣言された。こうした歴史的背景が1976年までの訪日ベトナム人の増減と連動している。なお、現在のベトナム社会主義共和国の前身にあたるベトナム民主共和国とは1973年9月に外交関係が樹立された。

　またベトナムは、1986年第6回共産党大会で改革開放路線（ドイモイ政策）を掲げ、従来の社会主義的な経済政策の方向を転換する。ドイモイ政策は、見方を変えると、社会主義国家から地域国家への変貌ととらえられる。こうした潮流のなか

年	実数	増加率
2003	17,094	—
2004	19,056	11.5%
2005	22,138	16.2%
2006	25,637	15.8%
2007	31,909	24.5%
2008	34,794	9.0%
2009	34,221	-1.6%
2010	41,862	22.3%
2011	41,048	-1.9%
2012	55,156	34.4%
2013	84,469	53.1%
2014	124,266	47.1%
2015	185,395	49.2%
2016	233,763	26.1%
2017	308,898	32.1%
2018	389,005	25.9%
2019	495,051	27.3%

1-4　訪日ベトナム人数の推移と増加率
（日本政府観光局資料より作成）

1-5　大久保駅周辺のベトナム食材店。
ほぼすべてベトナム語のみで表記されている。

年	研修		技能実習		短期滞在	
	実数	割合	実数	割合	実数	割合
2009	4,928	11.6%	-	-	15,366	36.1%
2010	3,189	6.4%	2,255	4.5%	19,787	39.5%
2011	1,072	2.1%	7,054	13.6%	15,686	30.3%
2012	1,159	1.8%	7,997	12.4%	24,699	38.2%
2013	1,237	1.3%	10,888	11.5%	38,281	40.4%
2014	1,370	1.0%	20,441	15.1%	58,822	43.4%
2015	996	0.5%	34,563	17.5%	81,424	41.3%
2016	1,137	0.5%	48,077	19.5%	100,547	40.8%
2017	1,163	0.4%	66,191	20.5%	134,096	41.5%
2018	894	0.2%	86,907	21.4%	165,175	40.7%
2019	832	0.2%	119,798	23.2%	205,539	39.7%

1-6　訪日ベトナム人に占める在留資格別の実数とその割合

（法務省資料より作成）

で、1991 年のカンボジア和平協定を経て、日越関係が改善し、両国間の交流がさかんになり、人の移動も増加してきた。現実的に見ても、交流の活性化を反映する形で 1997 年に在大阪ベトナム総領事館が開設された。こうした両国間の関係の変容が第 3 の傾向を基礎づけている。

次に、VJC が始動した 2003 年以降の訪日ベトナム人の推移を【1-4】に示した。実数ならびに増加率でみると、2010 年代になってベトナムからの訪日者が急増している【1-5】。

さらに、【1-6】に 2009 年以降のベトナムからの訪日者のうち、在留資格が「研修」、「技能実習」ならびに「短期滞在」（主に観光客）で入国した者の推移と訪日ベトナム人全体に占める割合を示した。在留資格に「技能実習」が創設される以前、技能実習生は「研修」資格で入国し、研修期間終了後、「特別活動」に在留資格が変更された。このため、「研修」資格の入国者数・割合をあわせて示した。【1-6】から、東日本大震災が発生した 2011 年を除くと、この期間を通じて「短期滞在」と「技能実習」が増加していることがわかる。

2014 年以降の「短期滞在」の増加の背景には、VJC との関連でベトナムからの入国者に対するビザの大幅緩和があげられる。

また、2010 年の入管法改正により「研修」資格の入国者が減少し、

2011年以降、この資格での入国者数がほぼ横ばいで推移している。

以上から、ベトナム人をめぐるマスメディアのここ数年の表象は、訪日ベトナム人全体からみて4割を占める「短期滞在」ではなく、約2割の「技能実習」の人々にまなざしを向けているといえよう。

1-7 西日本の地方都市に立てられた看板。「ベトナム実習生サッカー練習場使用注意事項」と日本語で書かれた以外はすべてベトナム語で注意事項が記されている。

もう一つの戦後史：複層化するベトナム人コミュニティ

現在日本のマスメディアのまなざしは、主としてニューカマーのベトナム人労働者に向けられている。このような労働者は、大都市部だけではなく、地方都市でもみられる。特に地方都市において、ベトナム人労働者は、実社会やマスメディアでも可視化されやすい。コミュニティを「場所や空間を共有する結合の形式で、地縁的に結びついた生活」とみなすのであれば、地方都市において共同で生活するベトナム人労働者を、広義のベトナム人コミュニティと捉えることが可能であろう【1-7】。

これとは別にもう一つのベトナム人コミュニティが存在する。ベトナ

ム戦争終結後、インドシナ難民が発生し、国際世論の圧力下で日本でも1978年からこれらの人々を難民として受け入れはじめた。1979年には、インドシナ難民対策連絡調整会議事務局が設置され、同年11月、財団法人（2021年現在、公益財団法人）アジア福祉教育財団に事業が委託された。難民事業本部は、本部事務所に加え、1979年12月に兵庫県姫路市に「姫路定住促進センター」、1980年2月に神奈川県大和市に「大和定住促進センター」を開設した。こうした定住促進センターを一つのハブとして、一世代前のベトナム人コミュニティが形成されてきた。

インドシナ難民については、いつ

くかの事例紹介や研究がある*。ここでは、品川のメコンセンターでの出来事を紹介したい。

1-8　メコンセンターの入り口

メコンセンターは、主としてベトナムの食材、書籍などを扱う店舗として、日本では老舗に分類される【1-8】。2009年6月に訪問した際、店番をしていた女性に、何げなく「いつ日本へ来たのですか？」と質問した。来日年などの正確な返答は記憶が定かではない部分もある。しかしながら、その女性が発した動詞は鮮明に記憶に残っている。すなわち「bo」という動詞で、来日を表現した。記憶の範囲では「nam 197x

bo Sai Gon」と返答してくれた。少なくとも訪日年が1970年代であった。

この動詞は、日常的な用法では「入れる・捨てる」を意味する。例えば、調理の際に食材を鍋に入れるときにboが使用される。また、「投票する」をbo phieuと言い表す。「ゴミを捨てる」といった場合、bo racとなる。『ベトナム語大辞典』によれば、6番目の意味で「（完全に）離れる」とある。用語例として、bo que ra di（故郷、あるいは祖国を離れて出ていく）が紹介されている。また、ことわざの例として「bo cua chay lay nguoi」（命からがら逃げだす）と記載されている。つまり、この女性は、こちらの「何年に訪日したのか」という問いに対して「（故郷・祖国）を離れた／逃げてきた」と返答したのである。

初対面の女性かつ、想像外の返答であり、とっさにベトナム戦争およびそれに続くインドシナ難民の歴史的背景を想起したため、それ以上の

*　近藤紘一『サイゴンから来た妻と娘』（文春文庫、1981年［文藝春秋社、1978年］）、川上郁雄『越境する家族——在日ベトナム系住民の生活世界』（明石書店、2001年）、高橋典史「宗教組織によるインドシナ難民支援事業の展開——立正佼成会を事例に」（『宗教と社会貢献』Vol. 4-1、2014年、pp. 1~25）など。

質問をつなぐことができなかった。単純に「離れる」というニュアンスで発話した可能性も否定できず、安易な解釈を避けるべきかもしれない。しかしながら、ベトナムの知人に「bo que ra di」の用語法を確認したところ、「これ以上、そこ（故郷）に住みたくない、または住む必要がない、そこが好きではない」というニュアンスを含むとのことであり、この女性がどのような状況下でベトナムを後にしたのかを多少なりとも想像できよう。こうした人々が形成しているコミュニティを無視することはできない。

また、ニューカマーのベトナム人労働者が注目されるようになると、従来日本のマスメディアから看過されてきた、こうしたオールドカマーのベトナムの人々が注目されるようになってきた。とくに、オールドカマーの「戦後」のライフヒストリーが紹介される新聞記事が散見されるようになった。

視点を変えると、ベトナムから難民として移動し、日本へ定住していた人々が近年の外国人労働者受け入れ増加のプロセスのなかで可視化されたともとらえうる。しかし、これらの人々を「同じ」ベトナム人とみなすことは硬直かつ一枚岩的な視線

であろう。あわせて、インドシナ難民それ自体も一つの像でとらえるのは難しい。

おわりに

話を振り出しに戻そう。冒頭で「フォビアとの付き合い方を考えたい」と提案した。この表現に違和感をもったかもしれない。それは「フォビアという概念それ自体がフォビアを誘引しているのではないか」と考えたためではないだろうか。

こうした思考は、「被差別部落問題を取り上げること自体が問題である」という主張と共振し、「被差別部落について、教育の現場などで取り上げなければ、その差別がなくなる」という発想に基づく。確かに被差別部落ならびにその問題系が歴史的に構築されてきたことに鑑みれば、語りをとめることで問題の構築が一時的に中断する。しかしながら、語りの停止は差別を消滅させることに直結するのだろうか。

インターネットに象徴されるグローバル化した情報過多の社会では、マスメディアをはじめとする媒体からさまざまな情報を入手する不可能性が著しく低下している。しかし、

被差別部落問題の情報へのアクセス可能性の多寡よりも「被差別部落問題を取り上げること自体が問題である」という問題構制それ自体が問題ではなかろうか。語りのモラトリアム（一時停止）は他者に対する無関心を誘引する。その他者が非歴史的に（再）発見されたとき、他者の存在は脅威・驚異となり、究極的にみればヘイト（暴力）に結びつく可能性をはらむ。この点との関連では、西洋近代による新大陸の占有が航海者コロンブスの「驚異なるものとの遭遇」からはじまったという、グリーンブラットの指摘を想起してもよいであろう[*]。グリーンブラットは同書においてまた、理性に基づく植民地主義的な他者の領有が同時に他者とのフェアな交流の可能性を有していることも示唆している。

　再びベトナムなるものに目を転ずると、日本なるものとの差異は何であろうか。国籍、民族、宗教、ことば等、文脈はそれぞれ異なるものの、いずれも歴史的に構築されてきたものである。であれば、まず広義の歴史を知ること、言い換えれば、ステレオタイプを歴史空間のなかへ

と解体し、もう一つの歴史を紡ぎ出すことが求められている。本章はその一端を示したつもりである。

　換言すれば、入り口はフォビアであれ、他者とのコミュニケーションから「歴史の紬」を解きほぐしていくことから始める、もしくは違和感を他者理解の端緒としていくしかない。そして、フォビアとの付き合い方、それは無関心を脱して他者を知り、理解をできないまでも自らの他者モードをつくり出すことにあるのではなかろうか。

　したがって、本章の結語は「はじめに他者ありき」としたい。

◇参考文献

梶田孝道「日本の外国人労働者政策——政策意図と現実の乖離という視点から」梶田孝道、宮島喬編『国際化する日本社会』国際社会 1、東京大学出版会、2002 年、pp. 15~43。
木村聡「難民（ボートピープル）たちのドイモイ」『ベトナム〈沸騰〉読本』（別冊宝島 WT ①）宝島社、1995 年、pp. 144~148。
白波瀬達也「多文化共生の担い手とし

[*]　　グリーンブラット、S.『驚異と占有——新世界の驚き』荒木正純訳、みすず書房、1994 年。

てのカトリック──移民支援の重層性に着目して」関西学院大学キリスト教と文化研究センター編『現代文化とキリスト教』キリスト新聞社、2016年、pp. 99~133。

古屋博子「ベトナムにおける日本──ベトナム難民問題から」木村汎、グエン・ズイ・ズン、古田元夫編『日本・ベトナム関係を学ぶ人のために』世界思想社、2000年、pp. 108~126。

◇ブックガイド

根本かおる『難民鎖国ニッポンのゆくえ──日本で生きる難民と支える人々の姿を追って』ポプラ新書、2017年。

平野雄吾『ルポ 入管──絶望の外国人収容施設』ちくま新書、2020年。

◇調べよう

1. 世界の難民について調べよう。
2. 難民の生活について調べよう。
3. 日本の難民受け入れについて調べよう。

◇聞いてみよう

身近な人に難民受け入れについて聞いてみよう。

◇考えよう

日本でなかなか難民受け入れが進まない理由を考えよう。

意見交換も大事！

2 やさしい日本語への転換

外国語恐怖症？

　街で**外国人**に話しかけられたら逃げる。外国人と英語で話さなければならないというある種の恐怖心は外国人恐怖症あるいは外国語恐怖症と呼ばれる。日本に滞在している外国人が必ず英語を話すとは限らない。むしろ、英語よりも日本語を話す外国人のほうが多いのである。

　国立国語研究所の「生活のための日本語：全国調査」によると、日常生活に困らない程度にできる言語として、日本語を挙げる人の割合が最も多く 61.7％であり、次いで英語が 36.2％であった。回答者の多くが、地域の日本語教室や国際交流協会などで日本語を学習していることがその結果に影響したと推測されるが、少なくとも在留外国人の中には日本語学習に積極的で、日本人とのコミュニケーションを望んでいる人が多いことがわかる。

　【2-1】は、武蔵野市国際交流協会（MIA）における日本語教室の一場面である。このような日本語教室は、地域の外国人住民と日本人が交流する場となっている。

2-1　日本語を学ぶ外国人

　各地方自治体には、在住外国人と日本人が交流するための国際交流協会が設置されている。名称の多くが公益財団法人＋自治体名＋国際交流協会あるいは国際センターとなっているように、大部分が公益財団法人である。公益法人の歴史は古く、1896 年にまでさかのぼる。1980 年代、日本で国際交流に関わる組織が各地で増えはじめた。そのきっかけとなったのは第 1 章で述べられたインドシナ難民の受け入れであった。1980 年代以降、国際交流団体が設立されたものの、その多くは資金不

足に苦しんでいた。当時は 6 割以上の団体が資本金 50 万円未満であり、その活動は実際には無給のボランティアに頼っていた。

そこでより現実に即した運営ができるように、とりわけ税制面の優遇が受けられるように、2000 年代に公益法人制度改革が始まった。2008 年に新公益法人制度が施行された。新制度施行後、財団法人のいくつかは公益財団法人か一般法人へ移行した。

【2-1】の MIA は、1989 年に設立された任意団体に出発し、2009 年、公益認定を受けて「公益財団法人武蔵野市国際交流協会」となった。設立の目的は、武蔵野市の国際交流や地域の多文化共生を促進することなどである【2-2】【2-3】。

外国人と日本語で話す

日本語学習中の外国人とコミュニケーションするには少し工夫が必要である。地域の外国人住民の日本語能力を調査した結果を見ると、日常会話の日本語ならわかるという人の割合は高くても、テレビやラジオのニュースとなると、聞き取れない人の割合が高くなる。例えば、下の A は実際に NHK がニュースで放送した文である。

A. けさ 5 時 46 分ごろ、兵庫県の淡路島付近を震源とするマグニチュード 7.2 の直下型の大きな地震があり、神戸と洲本で震度 6 を記録するなど、近畿地方を中心に広い範囲で、強い揺れに見舞われました。

2-2　MIA ウェブサイト

2-3　MIA ウェブサイトの記載

この文では、「震源」「マグニチュード」「直下型」「揺れに見舞われる」など、難しい言葉が使われている。また、一文の中に複数の述語があり、連体修飾節が使われているなど、複雑な構造をしている。そしてその分、文の長さが長くなる。

ニュース文が読まれるスピードも日本語に慣れていない外国人にとっては非常に速く、ポーズ（休止時間）も短い。実際に、このニュース文を、日本語を勉強し始めて6ヶ月から2年程度の外国人留学生に聞かせたところ、「全くわからない」という反応がほとんどだったとの調査結果がある。

日本語を十分に習得していない外国人と日本語で話す場合、日本人と話すときと同じように難しい言葉を使い、早口で話せば、当然コミュニケーションは成り立たない。「日本にいるんだから、もっと日本語を勉強して、日本人と同等に話せるようになるべきだ」といった同化主義を押しつけても、在留外国人との間に溝が深まるばかりである。

対等な立場で同じ地域に住む外国人との交流を深めようと思えば、外国人の側に日本語習得を求めるだけでなく、日本人側も彼らにとってわかりやすい日本語を話す工夫と思いやりが求められる。そこで、日本人と日本に住む外国人との共通言語になるのは、英語でも通常の日本語でもなく、やさしい日本語となる。

「やさしい日本語」の必要性

「やさしい日本語」は、1995年の阪神淡路大震災をきっかけとして、災害時の外国人への情報伝達の方法として開発された。阪神淡路大震災の後、「災害弱者」（災害時要援護者）という言葉が使われるようになった。これに含まれるのは、「高齢者、障がい者、外国人、乳幼児、妊婦等」である。なぜ災害弱者に外国人が含まれるのか。それはAのような災害の情報は、地域住民にとって命にかかわる重要なものであるが、外国人（外国人住民、外国人旅行者など）が適切かつ迅速に把握するのは難しいためである。

英語、中国語、韓国語などに翻訳して伝える方法もあるが、多くの時間がかかってしまい、緊急時の情報伝達としては非常に効率が悪く、また、すべての外国人の母語に翻訳するのは現実的ではない。

そこで、日本語能力のレベルが初級の外国人でもわかる**やさしい日本**

語で伝える方法が研究されはじめた。やさしい日本語とは、難しい言葉を簡単な言葉に言い換えたり、1文の長さを短くしたり、複雑な構造の文を使わずに単純な文にしたり、ポーズを取りながらゆっくり話すなど、外国人にとって理解しやすくなるように様々な工夫をした日本語を指す。Aのニュース文をやさしい日本語で言い換えると、Bのようになる。

B. 今日、朝、5時46分ごろ、兵庫、大阪、などで、とても大きい、強い地震がありました。地震の中心は、兵庫県の淡路島の近くです。地震の強さは、神戸市。洲本市で、震度が6でした。

このAとBのような「通常のニュース文」とやさしい日本語で言い換えたニュース文のペアを初級から中級レベルの留学生に聞かせて理解度を測る実験を行ったところ、内容に関する質問の正答率がAでは約30％だったのに対して、Bでは90％まで高くなることが確認されている。

やさしい日本語の作り方

やさしい日本語の作り方は、今では、様々な地方自治体のウェブサイトなどで紹介されているが、ここでは「『やさしい日本語』作成のためのガイドライン」を参考として、以下に8つのルールを示す。

(1) 難しいことばを避け、簡単な語彙を使う。
(2) 1文を短くして、文の構造を簡単にする。
(3) 外来語を使用するときは気をつける。
(4) 擬態語は、日本語話者以外には伝わりにくいので使用を避ける。
(5) 動詞を名詞化したものはわかりにくいので、できるだけ動詞文にする。
(6) あいまいな表現は避ける。
(7) 二重否定の表現は避ける。
(8) 文末表現はなるべく統一する。

このルールにしたがって、やさしい日本語を作ってみよう。

C. 大阪に住んでいる友人と2年前に渋谷でお好み焼きを食べたのですが、友人は「こんなん自分で

作ったほうがおいしいわ」と言っ
て、去年私が大阪に行ったときに、
お好み焼きのホームパーティーを
してくれました。

「友人」よりも「友だち」のほう
がわかりやすい。ただし、相手がお
好み焼きという食べ物を知っている
ことが前提となる。相手がお好み焼
きを知らなければ、その写真を見せ
ながら話すのも一つの方法である。
お好み焼きの本場は大阪であるとい
う知識がなければ、この文のポイン
トがうまく伝わらない。その際には
「お好み焼きは大阪の食べ物です」
「大阪の人は、よくお好み焼きを食
べます」などのように補足情報を伝
えるとよい。

ホームパーティーは元の英語にも
同じ意味の home party という表現
があるので、そのまま使っても大丈
夫であるが「ライフライン」は、日
本語と英語で意味が異なるので、そ
のまま使うと混乱を招く。日本語
では、水道、電気、ガスなどの生活
を支えるインフラ設備のことを表す
が、英語では文字通り「命綱」を意
味する。英語を知っている外国人に
誤解を与えない表現が要求される。

また、方言も相手の外国人の居住
地によって配慮する必要がある。C

の文では、「こんなん自分で作った
ほうがおいしいわ」という発話が出
てくるが、関西在住の外国人でなけ
れば理解は難しい。その場合、「こ
れはおいしくないです。私が作った
ほうがおいしいです」などのように
共通語の表現に直す。友だちと話し
ているのに丁寧語を使用するのは不
自然だと感じるかもしれないが、初
級レベルの外国人にとって、相手と
の関係によって文末の表現を変える
のは難易度が高い。文末表現は統一
したほうが聞き手の外国人にとって
負担が少ない。これがルール（8）
の設定理由である。

次に、ルール（2）にしたがって、
書き換えてみよう。まず、Cの文が
いかに複雑で長い文かに気づくだろ
う。埼玉県のウェブサイトに掲載さ
れている「『やさしい日本語』の作
り方」では、1文の文字数は 30 文
字以内にすると記されている。一般
的には、1文の長さは 24 拍程度、
長くても、30 拍は超えないほうが
よいとされる。「1拍」はひらがな
1つに相当するので、1文の長さは、
ひらがなで 24 文字程度が理想で、
最長でも 30 文字である。Cの文は
漢字とひらがな、数字を合わせて
97 文字あるため、このままでは外
国人にとってはかなり負担になる長

さである。

　また、文の構造もとても複雑である。「大阪に住んでいる友人と」の部分は連体修飾節と言って、文が名詞を説明している構造になっている。やさしい日本語では連体修飾節は使わずに「単文」という主語と述語が一組だけの文を使う。「大阪に住んでいる友人と〜食べたのですが」の部分には、主語が「友人」と「私」の二つ、述語が「住んでいる」と「食べた」の二つ含まれる。これを単文に直すと、「私の友達は大阪に住んでいます。私はその友達と2年前に渋谷でお好み焼きを食べました」となる。しかし、2文目は30拍以上になってしまうので、さらに文を分けて、「私はその友達と2年前に渋谷へ行きました。そして、お好み焼きを食べました」とすると30拍以内に収まる。

　やさしい日本語に書き換えてみると、Dのような文になる。

　　D. 私の友達は、大阪に住んでいます。私はその友達と2年前に渋谷へ行きました。そして、お好み焼きを食べました。その時、友達は言いました。「これはおいしくないです。私が作ったほうがおいしいです。」去年私は、大阪へ行きま

した。友達たちが、お好み焼きのホームパーティーをしてくれました。

　簡単な言葉で言い換えるという「優しい」気持ちと同時に、頭を使って「易しく」言い換える工夫が必要になるので、やさしい日本語は「優しくて易しい日本語」という二つの意味が含まれていると言える。

多文化共生とやさしい日本語

　国内の深刻な人手不足を解消するため、日本では2019年の入管法改正以降、外国人労働者の受け入れを拡大する方向へ乗り出した。在留外国人と共生していくために、共通言語としてのやさしい日本語の必要性はますます高まるだろう。

　では、やさしい日本語の使用は、どのように多文化共生を促進につながるのだろうか。

　総務省の「多文化共生の推進に関する研究会報告書」（2006年度版）によれば、地域による多文化共生を「国籍や民族などの異なる人々が、互いの文化的ちがいを認め合い、対等な関係を築こうとしながら、地域社会の構成員として共に生きていく

こと」と定義される。地域に住む外国人は、日本人とは異なる言語を話し、異なる文化的背景を持ち、異なる宗教を持っている人たちかもしれない。

しかし、その互いの違いを認め合い、対等な関係を築こうとしながら一緒に生きていくという意識を持つ人こそが、多文化共生を促進できる人である。日本人が使う日本語を同じように使うことを外国人に押し付けるのは、多文化共生の考え方に合致しない。

また、互いに母語ではない英語で話すという方法も日本人側・外国人側双方にとって無理がある。対等な関係でお互いに歩み寄るコミュニケーションの方法としては、やさしい日本語を使うのがベストな方法である。

あなたが入った飲食店に外国人の店員がいれば、やさしい日本語でゆっくりとはっきりした発音で料理を注文してみよう。あなたが外国人観光客をおもてなしする仕事に就いたとしたら、やさしい日本語で観光地のガイドをし、宿泊場所に案内し、日本の文化を伝える。自然とやさしい英語とミックスになるかもしれないが、それもお互いにとって楽しい交流経験となるだろう。

やさしい日本語の必要性は、個人レベルでの使用に留まらない。小学校や中学校で配られる保護者向けの文書は、日本の学校に通った経験がない外国人の保護者でも理解できるような説明が書かれているだろうか。外国人が日本で医療機関を利用する際、安心して医療が受けられるように、医療従事者は「やさしい日本語」を使って、病気や治療方法の説明をしているだろうか。サインが求められる書類は、外国人が納得したうえでサインできるように、理解可能な言語で書かれていなければならない。

日本語にまだ十分に習熟していない外国人であっても、同じ地域の住民として、日本で生活していくことができるようにするためには、まだまだやさしい日本語の出番がありそうである。やさしい日本語の研究者の中には、「公的文書書き換えプロジェクト」を行っているグループがある。「公的文書」とは、地方公共団体などが地域住民に向けて発行する「お知らせ」などのことである。いわゆる「お役所ことば」で書かれており、外国人のみならず、日本人住民にとってもわかりにくいと批判されている。公的文書をやさしい日本語に書き換えることによって、外

国人だけでなく、日本人住民にとっても、特に、高齢者や障がい者などにとっても助けになることが期待される。

一般に「情報弱者」というと、インターネットなどの情報通信環境がない地域に住んでいたり、情報通信機器が入手できなかったり、操作が困難だったりする人々を指すが、在留外国人も日本語での情報入手が困難であるという意味では「情報弱者」である。社会のバリアフリー化に伴って、外国人への情報提供の方法に工夫が必要であることが徐々に認識されるようになってきた。

最近では公的機関のみならず、民間の接客・サービス業などでも「やさしい日本語」を積極的に取り入れようと、ワークショップなどが各地

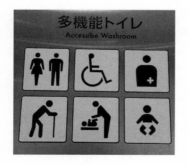

2-4　亜細亜大学内にある
多機能トイレのドアの表示

で行われている。また、やさしい日本語とともに、ピクトグラムの使用も増えている。例えば、【2-4】のような表示は、トイレの機能が文字情報に頼らずに直感的にわかるように工夫されている。このようなピクトグラムを使えば、日本人・外国人に関係なく情報の入手が容易になる。

このように、誰もが平等に情報にアクセスできるように、情報提供者は工夫をするべきだという考え方は、多文化共生社会の実現において重要な要素である。

外国人が安心して暮らせる社会へ

あなたがもし外国に住むなら、その国の言葉を使って生活できるようになりたいと思うだろう。それと同様に、日本で学び働く外国人は、日本語を使って生活したいと思っている。しかし、最初から完全な日本語を求められたら、不安になるはずだ。日本人がやさしい日本語を使って外国人と接することは、「ゆっくり日本語を覚えたらいいんですよ。簡単な日本語から始めましょう」というメッセージを発信することを意味する。日本が外国人にとって安心して暮らせる社会になることは、日

本人にとっても嬉しく、誇らしいことである。やさしい日本語を使う社会を推進していってほしい。

◇ブックガイド

庵功雄、イヨンスク、森篤嗣編『「やさしい日本語」は何を目指すか――多文化共生社会を実現するために』ココ出版、2013年。
庵功雄、岩田一成、佐藤琢三、栁田直美編『〈やさしい日本語〉と多文化共生』ココ出版、2019年。
国立国語研究所「『生活のための日本語：全国調査』結果報告〈速報版〉」2009年。
総務省「多文化共生の推進に関する研究会報告書――地域における多文化共生の推進に向けて」2006年。
弘前大学社会言語学研究室「〈増補版〉『やさしい日本語』作成のためのガイドライン」2013年。
吉開章『入門・やさしい日本語――外国人と日本語で話そう』アスク出版、2020年。

◇調べよう
1. 自分が住む市町村の外国人支援について調べよう。
2. 自分が住む市町村のウェブサイトの外国語表記を調べよう。
3. 上記の外国語の内容を読んでみよう。

◇聞いてみよう
外国人支援を行う人に気を付けていることについて聞いてみよう。

◇考えよう
外国語を学んで気がついたことについて意見交換してみよう。

どんなところ？
朝鮮学校

呉永鎬

朝鮮学校

みなさんは朝鮮学校をご存じだろうか。あなたがラグビーに関心があるのならば、「大阪朝高」のことを知っているかもしれない。あるいは東京出身の方は、各種スポーツ大会や芸術コンクールで「○○朝鮮学校」の名を見たことがある人もいるかもしれない。

朝鮮学校とは、日本で生まれ育った**在日コリアン**の子どもたちが通う学校である。1910年～45年、日本は朝鮮を植民地支配下においていたが、その時代に朝鮮半島から日本に渡った人々とその子孫を在日コリアンと呼ぶ。今では主に在日4世、5世の子どもたちが通っており（日本に最初に来た世代が1世、その子が2世…と続く）、子どもたちの国籍も、韓国、朝鮮、日本と多様である。両親のいずれかが日本人である場合や、アメリカ、ロシア、中国、コンゴ出身といった場合もある。入学要件は、その子が朝鮮半島にルーツがあることだ。

朝鮮学校は、1945年8月、日本の植民地支配から解放された在日コリアンたちが、自分たちの子に、朝鮮の言葉や文化、音楽や歴史を教え、朝鮮民族として誇りをもって生きていってほしいと始められた営みである。その歴史はすでに70年を超えた。

この章では、長い歴史を持つものの、日本社会において広くは知られておらず、また時に偏見にもさらされる朝鮮学校を取り上げる。朝鮮学校とはどのようなところなのか、その特徴とは何なのか。また朝鮮学校にはどのような憎悪が向けられているのか。これらの問いに答えていきながら、多文化が共生するための手掛かりを探っていきたい。

朝鮮学校の教育体系

【3-1】をご覧いただきたい。「ウリハッキョ」とは朝鮮語で、「私たちの学校」という意味である。在日コリアンは朝鮮学校のことを、愛着

3-1　朝鮮学校の全国分布図（2016年現在）
韓国の支援団体「モンダンヨンピル」作成のものを筆者が一部修正

を込めてウリハッキョと呼ぶ。

　この図3-1は、北海道から福岡まで、2016年現在、全国に67校ある朝鮮学校の所在を示したものである。初級学校、中級学校、高級学校は、それぞれ日本の小学校、中学校、高校にあたる。図には単設の幼稚園（幼稚班とも呼ぶ）しか記していないが、付属も含めると、41の朝鮮幼稚園もある。東京都小平市には日本の大学にあたる、朝鮮大学校がある。2020年度現在、校種別の数は、幼稚班41、初級学校51、中級学校31、高級学校10、大学校1となり、およそ5,500人が通っている。

　在日コリアンが多く住む大阪や兵庫、京都といった関西地方や、南関東に多くの学校があることも確認できる。かつては朝鮮半島に近い山口や福岡にも多かったが、就学者数の減少とともに、統廃合または閉校となった。現在では初中級学校で全校生徒が20〜30人と、ごく小規模の学校も珍しくない。

　教員の大多数は朝鮮大学校の卒業生であり、彼・彼女らも在日コリ

29

アンである。また全国の朝鮮学校では、在日コリアンの出版社が編纂した、専用の教科書が用いられている。授業は基本的に朝鮮語で行われ、教科書もハングル（朝鮮語の文字）で記されている。ただし日本語と英語の授業・教科書はその限りではない。

実はこのように就学前教育から高等教育まで、一貫した学校教育体系を持つ外国人学校は、世界的にも珍しい。そもそも、すべての人が通うようになった近代学校は、近代国家によって組織化されるものである。朝鮮学校は、日本で暮らす一民族集団が開設・運営する外国人学校であるにもかかわらず、全国共通の自前のカリキュラムと教科書を有し、さらに独自の教員養成も行っている。全国の朝鮮学校が参加するスポーツ大会や芸術コンクールも開催している。独自の学校システムを持つ朝鮮学校は、「在日コリアンの公立学校的存在」と評されることもある。

小規模とは言え、国家レベルで行うような学校教育体系をつくり、維持していくことは容易なことではない。そのため、学校教員のみならず、地域の在日コリアンや、民族団体等、多くの人々が運営に携わっている。

朝鮮学校と祖国

多くの外国人学校は、居住国である日本とは別に、本国を持つ。朝鮮学校は、朝鮮民主主義人民共和国（北朝鮮）を祖国とする学校である。その経緯は複雑だ。

全国に朝鮮学校が叢生した1945~46年、植民地から解放された朝鮮半島にはまだ国家が無かった。解放後の朝鮮半島は、北緯38

3-2　授業の様子（東京）

3-3　小規模校の授業（滋賀）

度線より北をソビエト連邦軍に、南をアメリカ軍に占領された。当時は、世界的に東西対立（ソ連などの社会主義陣営と、アメリカなどの資本主義陣営の対立。冷戦とも言う）が激しくなる時期である。朝鮮半島はまさに東アジアの冷戦の最前線にあったと言える。そして1948年8月には朝鮮半島南部だけの単独選挙によって大韓民国（韓国）政府が樹立、翌9月には北朝鮮政府が樹立される。こうして朝鮮半島には**分断国家**体制ができたのだが、朝鮮学校の運営に携わっていた民族団体や関係者は、祖国として北朝鮮を支持した。

　多くの在日コリアンの出身地は朝鮮半島南部である。祖国と故郷が異なり、しかも政治的に対立しているという複雑さの中で、在日コリアンは生きることになった。加えて、アメリカのもとで資本主義陣営の一員として戦後を歩むことになった日本は、社会主義を支持する危険な存在として、朝鮮学校をみなすことになる。朝鮮学校を取り巻くこうした政治的な複雑さは、本質的に今日においても変わっていない。

　北朝鮮政府は1950年代から、朝鮮学校への支援を続けている。教科書をはじめとした各種教材や朝鮮の楽器、動植物の標本などが送られ、

また1957年からは教育援助費が毎年送られている。高級学校の修学旅行は**祖国訪問**で、生徒たちは生まれて初めて北朝鮮を自分の肌で体験する。日本での北朝鮮報道によって抱いていたイメージとは異なる祖国の姿を見て、多くのことを感じ、考える機会となっている。

　現在では、学校運営に占める北朝鮮からの教育援助費の割合は1~2%程度に過ぎない。しかし、植民地時代を**亡国の民**として生きた在日コリアンにとって、異国の地においても子どもたちを朝鮮民族として育てようとする取り組みに、関心を寄せ、支援を与え続ける祖国の存在は、決して小さくないのである。

3-4　かつての朝鮮学校（東京）

　2020年、訪れた京都の朝鮮初級学校の階段には、4年生が書いた「統一を描く私の夢」が掲示されて

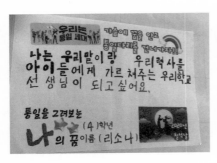

3-5 「統一を描く私の夢」（京都）

3-6 初級学校での英語授業（京都）

3-7 幼稚班園児たちの活動（京都）

いた。「統一されたら、北と南を行ったりきたりしたいです」、「私は有名な大学の先生になって、私たちの国の良いところや、私たちの国が今どうなっているのか等を教えたいです」、「私たちの言葉と歴史を子どもたちに教えてあげるウリハッキョの先生になりたいです」……。それぞれの夢が色とりどりに描かれている。

　朝鮮学校はどんなところか？この質問に答えるのが難しいことは、「日本の学校はどんなところか？」と置き換えてみれば分かるだろう。学校を言葉で伝えるには限界がある。だから私は、みなさんに朝鮮学校に足を運んでほしい。自分たちへの理解を深めてもらおうと、朝鮮学校は学期に１回ほどのペースで公開授業を行っている。子どもたちや先生たちの負担を思えば、そんなことはしな

くても良いはずだろう（「関係者以外立ち入り禁止」として固く門を閉じる一般の公立学校との違いを考えてほしい）。とは言え、機会が用意されているのだから、公開授業や学園祭、運動会などに足を運び、学校や子どもたちと直接触れ合っても良いだろう。日本には様々な文化が存在し続けてきたということを、必ずや感じられるはずだ。

朝鮮学校に向けられる憎悪

写真 3-8 をご覧いただきたい。東京朝鮮中高級学校美術部所属の高3生徒の作品「Cafe：Freedom of expression」と、それを見て目頭をおさえる女性がいる。同校美術部の Twitter に寄せられたヘイトスピーチが数十枚の紙に書き上げられ、それらが縦長の直方体の三面に貼り付けられている。紙には「典型的なゴキブリ朝鮮人（ゴキチョン）だよね笑」、「おら、チョンコ！出て行かんかい！おまエラが出て行くまで徹底的にやったるわ」、「めんどくせーな、拉致犯罪者は北朝鮮に帰れよ」、「朝鮮学校を叩き潰せ」など、書き起こすだけでも相当な苦痛を伴っただろう罵詈雑言が躍る。直方体の一面は開け放たれており、中にいる作者と展示に訪れた来場者とが対話することができるつくりになっている。

目頭をおさえる女性が誰なのかは分からない。足元が悪い中、2019年6月に開かれた同校文化祭に訪れ、展示された作品を見ることになったのだろう。次世代の若者にもこのような辛い思いをさせてしまっていることへの自責の念から涙を流す朝鮮人かもしれない。あるいはその

3-8　朝鮮学校生徒の作品とそれを見て泣く女性（写真提供：全賢哲）

ような中でも、屈せずに生きていこうとする若者への感涙かもしれない。容赦なく繰り出される剥き出しの悪意に初めて触れ、衝撃を隠せない日本人かもしれない。涙が溢れ出てこようとも、しっかりと現実を直視しようとする姿にも見える。いずれにせよ、この作品と写真は、朝鮮学校の子どもたちが今日においても人種差別の只中に置かれていることを示すとともに、被害当事者の声をどのように聴くのかという重要な問題を私たちに提起してくれる。

「人種差別」と書いたのは、朝鮮学校に向けられる憎悪が、ヘイトスピーチなどに限られないためである。北朝鮮に関する否定的な報道がなされるたび、朝鮮学校や子どもたちは攻撃の対象とされてきた。「学校に爆弾をしかけた」、「子どもを誘拐する」といった脅迫電話が全国で

鳴り響き、東京・立川の学校の窓には石が投げつけられた。通学中の生徒が暴言や暴行を受けたケースもある。札幌ではバスの運転手から、マイクのスイッチが入った状態で「お前ら朝鮮人だろう。何か悪いことやるんだろう」、「降りるのがいやだったら、前にきてじっとしていろ」と言われる事件もあった。

2000年代中頃まで、中高級学校の女子生徒たちは、民族衣装をベースにしたチマチョゴリ制服を着用していた。一目見れば朝鮮学校の生徒だと分かる。1990年代、この女子生徒たちを標的にした事件が多発する。

名古屋では信号待ちしている生徒が胸を傘で突かれ、千葉では駅で中年男性に蹴りつけられ、スカートが破られた。さらに通勤・通学で混雑する東京の電車内では、チマチョゴリが切り裂かれた……。想像してみてほしい。ただ「通学する」という日常的な行いが、どれほどの恐怖を伴うものであり、また覚悟や勇気が必要なものであったのかを。安全上の問題から女子生徒には第二制服としてブレザーがつくられ、学校に到着後、彼女たちはチマチョゴリに着替えることになった。

朝鮮学校の周辺地域に住んでいる人々に話を聞くと、昔は朝鮮学校の生徒だとすぐに分かったという声が多く聞かれた。街中をチマチョゴリを着た女子生徒が歩いたり、あるいはバスや電車の中に、書店や飲食店などに普通にいたりする風景は、今の日本にはない。日本社会が失った風景であり、経験である。

言うまでもなく、このような人種差別的行為や犯罪（ヘイトクライムとも言う）を行う者は少数である。だがそれは、少数の「危険」であったり、「ヤバイ」考えの持ち主の問題、言うなれば個人の問題だろうか？仮に個人の問題であったとしても、そういった人が何十年もの間、**自然に**現れるものだろうか？その背景に、個人を人種差別的行為へと掻き立てる、大きな力のようなものを見ることはできないか。

なぜ朝鮮学校に対する攻撃や差別が繰り返されるのか。ここでは、歴史的・社会的な問題、すなわち構造的な問題としてこの問いに迫ろう。

差別の構造性

交通事故が多発する交差点があるとしよう。再発を防ぐためには何が必要だろうか。スピード違反し

たり、信号無視したりするドライバーの取り締まりや再教育も必要だろう。しかしそれを何度繰り返しても、中々事故が減らない。なぜか。そもそもこの道路のつくり自体が、事故を起こしやすくさせているのではないか。一体いつから、どうしてこの道路はこのようにつくられたのか。

単純な比喩ではあるが、構造的に考えるとは、このような道路のつくりそのものに目を向ける視点である。朝鮮学校への攻撃や差別を考える場合、少なくとも冷戦と植民地主義の問題を考えなければならないが、ここでは「外国人学校の法的地位」の問題を出発点にして考えよう。

日本には朝鮮学校のほかにも、様々な外国人学校がある。しかしそれらの学校には、国庫からの補助をはじめ、一般的な学校（学校教育法第一条に示される学校を**一条校**と言う）に適用される公的な保障制度の多くが適用されない。例えば外国人学校には学校保健安全法が適用されないため、保健室がなかったり、学校健診を行っていなかったりする。これは外国人学校に通う子どもたちの生存権が、公的に保障されていないことを意味する。そうなってしまうのは、外国人学校の法的地位が、

自動車学校や英会話学校と同じ「各種学校」（同法第134条）だからである。一条校となるための条件（日本と同じカリキュラム、教員免許、教科書）は、外国人学校に固有の教育活動を制限してしまうことになるため、外国人学校は各種学校の法的地位に、とどまらざるをえない。

各種学校である外国人学校は、一条校と異なり、通学定期券を購入できない、各種スポーツ大会に参加できない、大学受験資格がない、寄付金にかかる税金免除が適用されないなど、様々な不利益を被ってきた。さらに朝鮮学校の場合は、植民地主義（被支配者を野蛮、不潔、怠惰な存在と規定して、支配や生殺与奪の掌握を正当化する思想）がここに重なる。高校無償化制度・幼保無償化制度からの除外はもちろん、今般のコロナ禍において、朝鮮幼稚園にだけマスクが配られなかったり（さいたま市）、学生支援緊急給付金制度から、他の外国大学と異なり、朝鮮大学校だけが除かれている問題は、そのことを端的に示している。

朝鮮学校に対する措置は差別的であると、国連の子どもの権利委員会や人種差別撤廃委員会は、日本政府に度々指摘している。しかし日本政府は「差別ではない」、法的地位の

違いによるもので合理的だとの返答を繰り返すばかりである。こうした政府の対応は、朝鮮学校や外国人学校は、一条校と同じように扱われなくても仕方ないという公的なメッセージとなる。

さて、このように日本政府や自治体が「合法的に」行っている朝鮮学校への差別的措置と、例えばヘイトスピーチを行う人とは無関係だろうか。むしろ「上からの排外主義」を背景に、民間次元でのレイシズムが横行しているのではあるまいか。1923 年、関東大震災時の朝鮮人虐殺も、戒厳令と軍隊・警察という権力の存在なくしてありえなかったことは、多くの研究が明らかにしてきた通りである。

差別や偏見に出会った時、私たちはそれが歴史的・社会的にどのようにつくられているのか、またどのように正当化されてきたのかを考えなければならない。差別や偏見を生む構造そのものを改善していかない限り、それらは何度でも繰り返されてしまうだろう。差別を生じさせる「道路」が変わっていないのだから。

逆に言えば、それらの構造に気付き、目を向けることが、多文化共生社会を築いていくための第一歩になるのではないだろうか。ひょっとし

たら、私自身、差別や偏見を再生産する構造の維持に、無意識のうちに加担してしまっているかもしれない。そのように自身の生活や社会を絶えず省みながら、何をどうすれば良いかを具体的に考えていく。そうした実践の積み重ねが、多文化共生社会を築いていくための礎となろう。

◇ブック・映画ガイド
朴三石『知っていますか、朝鮮学校』岩波ブックレット、2012 年。
『朝鮮学校物語』日本版編集委員会編『朝鮮学校物語 ── あなたのとなりの「もうひとつの学校」』花伝社、2015 年。
キム・ミョンジュン監督『ウリハッキョ』2006 年。
朴英二監督『蒼のシンフォニー』2016 年。

◇調べよう
ヘイトクライムについて調べよう。

◇聞いてみよう
ヘイトクライムが起こる原因について考えて、意見を交換しよう。

冷静ではいられない
嫌韓とは何か

金賢貞

嫌韓の軽さ

　嫌韓は、字義どおり**韓国、韓国人**を嫌う感情やその感情に基づく言動を表す用語である。ただ、この言葉の主な用いられ方に鑑みると、単純に嫌うというレベルではなく、排外主義的なゼノフォビアに表れる激しい嫌悪感や敵対心を示す場合が多い。

　嫌韓には少なくとも3種類の軽さがある【4-1】。第一は中核的な嫌韓層による主張の仕方の軽さ、第二はアクセス数や販売数に重きを置き言論の自由を盾にして中核的な嫌韓層の主張を検証せずに拡散させるメディアの軽さ、第三は韓流ファンと自称するも嫌韓にはほぼ無関心である

ことの軽さである。本章では以上の3つのうち第一の問題を中心に述べるが、その前に第三の軽さについて個人的な経験に基づいて補足しておく。

　韓国に関わるテーマを取り上げる筆者のゼミには、K-POPやコスメ、ファッションなどが好きで韓国についてもっと深く知りたいという学生が多い。しかし、2017年から指導してきたこのゼミで嫌韓に目を向ける学生は皆無に等しい。卒業論文のテーマになったこともない。なぜだろうか。どうやら学生たちの多くは嫌韓について、差別問題と関わっているらしく難しそうだとか、自分たちが好きなことを否定する内容をあえて知りたくないと思っているようである。これが結果的には嫌韓に対する無関心をもたらしている。

　この種の無関心は、次の2つの問題を有する。第一に、間違った嫌韓論の展開と拡散に目をつぶることで結果的にはそれを助長する。第二に、偶然にも嫌韓論の誤った情報や知識に接しそれに納得し事実として

4-1 嫌韓の軽さ

受け入れると、誰もが嫌韓層になり得る。

嫌韓とインターネット

嫌韓の登場と拡大の背景にはインターネットの普及がある。この関係は2つの側面から説明できる。第一は、2000年以降『朝鮮日報』『中央日報』など韓国の主要紙が整備してきた日本語版ウェブサイトを通じて韓国関連情報が入手しやすくなったことである。第二は、「2ちゃんねる」（現「5ちゃんねる」）のような匿名の電子掲示板サイトなどを通じて不特定多数に対し言いたいことがかなり自由に言えるようになったことである。前者はしばしば、後者を刺激しその主張に根拠を与えてきた。こうして膨張した韓国・韓国人に対する非難や否定論は嫌韓という場を獲得し、インターネットを通じてさらに拡散した。

例えば、日本語版のグーグル上で「嫌韓とは」と入力すると、検索結果の最上段と右側のナレッジパネルにウィキペディアの解説が表示される。

ナレッジパネルには、ウィキペディアの嫌韓内容のうち「韓国国民や韓国系の人々による国内外の言動への嫌疑・不信・嫌悪感情」という定義文が引用されている。

そこでウィキペディアの「嫌韓」をクリックすると、アラビア語・英語・インドネシア語・韓国語・ベトナム語・中国語の多言語版に比べ彪大な内容の日本語記事が現れる。特に印象的なのは、その客観性や信憑性を主張するかのような236件の脚注である。

ここでは、インターネットから知識を得ることの危うさや、嫌韓論の典型的な様式を確かめるために「日本や中国などのアジア諸国、ドイツをはじめとした欧州諸国でも著名に認知されている事象」というウィキペディアの嫌韓記事における「概要」の最初の説明のみを取り上げる。

この説明のポイントは、韓国人の言動への嫌疑・不信・嫌悪感情が日本に限ったものではなく、アジア諸国・欧州諸国にも拡がった有名な現象だという嫌韓の普遍性の主張にある。しかし、嫌韓の多言語版は先述したもののみであり、中でも英語版と中国語版を除くとその内容は微々たるものである。そもそも取り立てて挙げられたドイツ語版は存在しない。

また目を引くのは、この説明に

11件の脚注が付されていることである。脚注の中身を見ると、同説明の根拠となる文献が挙げられているが、月刊雑誌の記事1件を除く10件の文献はオンライン記事である。特に注目されるのは、そのうち8件（日本語版5件・英語版2件・韓国語版1件）が韓国メディアの記事だという点である。

韓国メディアの記事は、他国の場合と同様に、韓国に関連した様々な出来事を韓国人に広く知らせるためのものである。つまり、韓国人にとって恥ずかしいことや政権批判的なことでも報道されるのが常であり、実際、韓国の民主化以降、韓国のメディアは量・質ともに発展してきた。

前述した8件の脚注内の文献は、こうした理解を抜きにしてはならない。例えば、「露ダンサーら『韓国は地獄だった』」（2003年2月11日）という見出しの『朝鮮日報』の記事は、芸術興行ビザを取得して韓国に入国したロシア人女性が売春を強要され暴行を受けた被害を訴えた事件を伝えている。その中で被害者本人が提出した陳情書の内容が詳しく紹介された。つまり、この記事は外国人労働者、特に女性に対する性暴力の問題が依然として深刻であり、その解決策の必要性を韓国内の世論に訴えるものである。このように韓国内の社会問題を明るみに出し、韓国人に向けて自省や制度的対策づくりの必要性を求めるジャーナリズム的スタンスは他の記事にも貫かれている。

韓国の放送局JTBCによるテレビニュース記事の「[密着カメラ]対馬、訳ある『韓国人出入り禁止』？」（2019年5月15日）も、韓国人観光客が対馬でタバコの吸い殻やペットボトルなどを道端に捨てることへの日本人住民の不満が大きくなっていることを報道し、韓国人観光客は「基本的なマナーを守らなければならな」いと強調する。

他に、「ベトナム政府、韓国政府に『夜逃げ韓国企業による未払い賃金の解決を』協力要請」（2018年2月14日）と題した『中央日報』の記事も、韓国の繊維・衣類会社K社の経営陣が従業員の給与を支払わずに姿を消した事件を伝えながら、ベトナムで「韓国企業に対する否定的な世論」が広がらないように対策を求めるベトナム在住の韓国人たちの声を伝えた。

以上のように、ウィキペディアの嫌韓記事のうち概要の最初の説明に付された脚注の中身を見ていくと、「日本や中国などのアジア諸国、ド

イツをはじめとした欧州諸国でも著名に認知されている事象」としての「嫌韓」、言い換えれば、多くの国々から嫌われる韓国・韓国人という嫌韓の世界的な広がりを示すとともに、日本国内での嫌韓を正当化するために、韓国メディアの記事が書かれた目的や文脈を無視した、韓国・韓国人の迷惑行為の羅列になっていることが分かる。

さらに、過ちを犯した一部の韓国人を「韓国国民や韓国系の人々」という集合体に収斂させる論理構造にも問題がある。本記事は他にも問題が少なくないが、にもかかわらず、ウィキペディアの嫌韓記事はグーグル検索のトップに表示され、その定義はナレッジパネルにも紹介されている。

『マンガ嫌韓流』と本質主義

嫌韓は『マンガ嫌韓流』（山野車輪作）が発行された2005年頃から顕在化した。総発行部数100万部を超えるヒット作となったこの漫画は全4巻が発売され、2011年には文庫版も出た（以下、同シリーズを『嫌韓流』と略す）。

『マンガ嫌韓流』は、「現代的形態

の人種主義、人種差別、外国人嫌悪および関連する不寛容に関する特別報告者」のドゥドゥ・ディエンの報告書（2006年国際連合第62会期人権委員会で発表）によって世界的にも知られるようになった。

この報告書によると、ベストセラーになった『マンガ嫌韓流』は、「日本の植民地支配の歴史におけるもっとも重要な出来事を否認・修正」するだけでなく、韓国人や在日朝鮮・韓国人に対する「強い差別意識」に支えられたものであり、その根深い問題を解決するために「知的・倫理的戦略」が必要だと指摘されている。

他にも『嫌韓流』には、間違った内容や差別的表象の問題などが多く含まれている。ここでは、嫌韓論一般においても指摘できる本質主義の問題について考えよう。

本質主義（essentialism）とは、特定の人間集団（民族・人種・性別など）や事柄には変わらない固有の性質、つまり本質があると考える立場のことである。

例えば、「日本人は礼儀正しい」と言ったとする。この言い方は、**日本人**という特定の人間集団に「礼儀正しさ」という本質があると見なす本質主義的考え方に基づいている。しかし、慎重に考えてみれば、この

思考法には疑問を呈さざるを得ない。まず「日本人」とは誰なのかが不明である。日本国籍を有する者か、日本で生まれた者か、日本人の先祖を有する者か等々。このレベルで答えを出すのも難しいが、何とか日本人の条件が定められたとしても、多様な個人で構成される日本人集団のメンバー全員が「礼儀正しい」とは言えないだろう。さらには、そもそも礼儀正しさとは何か、その内容もあいまいである。このように礼儀正しさという本質を日本人という集団を規定する決定的な性質と考える立場が本質主義である。

『嫌韓流』の問題の１つは、こうした本質主義に基づいた偏見を生み出している点にある。

『マンガ嫌韓流』（初版 2005 年）のうち「第 8 話　日韓併合の真実」（199~231 ページ）を見てみよう。内容は、「歴史歪曲軍国主義復活陰謀糾弾韓国大学生訪日代表団」の韓国人学生たちと「極東アジア調査会」の日本人学生たちとの間で日韓併合について議論するものである。ここでは韓国の学生団体名から、歴史のことで日本を非難し続ける感情的な韓国人という本質主義的な捉え方が見て取れる。

例えば、212・213 ページを見よ

う。以下では、当該ページの台詞を引用する形で述べていきたい。

頰骨が出て細くつりあがった目をした韓国人学生が「ここまではのらりくらりとかわされたが、日帝の悪辣な植民地支配の実態を断固糾弾してやるッ」と、ため口で攻撃的に言い放つ。それに対し日本人学生は「この併合下の朝鮮についての日本人の歴史認識にはかなり反省すべき点があります」「現代の日本人の併合下朝鮮の歴史に対するスタンスです」「1910 年韓国（大韓帝国）を併合した以上 1945 年までは朝鮮半島は日本の一地方であり本来は日本史の一部として語られるべきなのです！」「ですから併合下の朝鮮地方については日本は自国の歴史として積極的に関与すべきだしこの期間の半島の歴史については日本の歴史として韓国人にも尊重していただきたいですわ」と、冷静かつ丁寧に答える。すると、韓国人学生は憤った顔をして「ふ　ふ　ふざけるな !!　韓国の歴史は韓国のものだ !!」「日本は韓国から様々なものを奪い今度は歴史まで！　いい加減にしろ !!」と怒鳴り散らす。

要するに、外見からも日本人とは明らかに異なる韓国人が激昂して感情的に言い張る一方、日本人は興奮

する韓国人に冷静かつ丁寧に答える
クールな存在として描かれている。
つまり、韓国人は感情的な存在とし
て、日本人は冷静な存在として本質
主義的に捉えている＝本質化してい
るのである。

反日韓国人？

反日韓国人という捉え方は、嫌韓
論者が自らを正当化する際に唱える
代表的な根拠の1つである。では、
韓国人は本当に**反日**なのだろうか。
　日本政府観光局がまとめた「国
籍・月別訪日外客数（2003年~2020
年）」を見ると（2020年を除く）、
2015~19年は中国の次、2014年は
台湾に次いで2番目に多い数の韓
国人が訪日した。さらに遡ると、
2003~13年の期間中は、韓国が
訪日外客数で連続首位であった。
2013年の場合、日本を訪れる外国
人のうち、アジア人が全体の約78
％、アジア人のうち、韓国人は約
30％、台湾人は約27％、中国人は
約16％を占めた。つまり、これだ
け大勢の韓国人が日本を訪れ、観光
を楽しんだり、仕事や勉強をしたり
しているのである。
　ただ、反日を日本の特定の事柄や

人物（の言動）などについて反対す
ることだと捉えれば、そのような意
見を持つ韓国人は少なくない。
　日本の特定非営利活動法人言論
NPOと韓国の東アジア研究院は
2013年から毎年共同で世論調査を
実施し、その結果を公表してきた。
ここでは2020年10月15日に公開
された第8回調査結果の一部を取
り上げる。
　まず、「相手国に対する印象」を
見ると、韓国に対し良くない印象
を持つ日本人（1,000人）は全体の
46.3％、日本に対し良くない印象を
持つ韓国人（1,006人）は71.6％あ
る。相手国に否定的な印象を持つ人
の割合は韓国人のほうが約25ポイ
ント高い。
　次に、「良くない印象を持ってい
る理由」を見ると、日本人（463人）
では「歴史問題などで日本を批判
し続けるから」（55.7％）が、韓国人
（720人）では「韓国を侵略した歴
史について正しく反省していないか
ら」（61.3％）がそれぞれ最も多い。
注目すべきは、特定の**歴史**に対する
両国民の考え方に明らかなズレが存
することである。
　では、歴史を正しく反省していな
いという理由で日本に良くない印象
を持つ韓国人たちは、嫌韓論者らが

主張するように、日本そのものや日本人全体を否定する反日なのだろうか。続けて以下の結果を見よう。

現在の日韓関係について「非常に悪い」「どちらかといえば悪い」と考える日本人は全体の約55％、韓国人は約88％ある。ここで注意すべきは、次の結果である。

「日韓関係の困難な現状にどう対応すべきか」との問いについて、「改善に向けた努力を行うべき」と答えた日本人は38.8％、同様に答えた韓国人は61.2％あった。また、「日韓関係は現在重要か」について「重要である（どちらかといえば含む）」と答えた日本人は48.1％、韓国人は82.0％ある。続けて、重要と答えた人に「なぜ日韓関係は重要なのか」を聞くと、日本人（481人）の57.4％は「隣国同士だから」、韓国人（825人）の56.6％は「経済や産業の面で相互依存関係を強めており、多くの共通利益があるから」と答えた（それぞれ最多回答）。

まとめると、韓国人の7割以上は日本に否定的な印象を持っているが、その主な理由は、日本がかつて韓国を侵略した歴史を現在の日本人が正しく反省していないと思っているからである。一方、韓国に否定的な日本人の半数以上はこうした韓国人の歴史認識に不満があり、政治レベルでも歴史問題を中心に関係が悪化している。ただ、韓国人の8割以上は、経済・産業の面で密接な関係にある両国関係が「重要」だと考えており、6割以上の韓国人は、悪化した日韓関係を改善させるために努力すべきだと考えている。

以上の事例を見ると、歴史認識の問題を除き、韓国人が日本という国や日本人全体に対して否定的である＝反日韓国人という根拠は見当たらない。言い換えれば、日本人にとっては、しつこく批判してくると思われる**歴史＝日本人の歴史観**のみが、韓国人の多くが反対する対象なのである。

水に流してはならない

嫌韓については、歴史学や社会心理学などの分野で既に分析がなされた。嫌韓が登場した背景については、戦後の経済的成功をもたらしたと信じられてきた日本・日本人の底力が発揮できない現実や、久しく日本より劣位にあり、日本が支援し助けるべき存在だった韓国が主要な競争相手として浮上したことの他に、先の見えなさ・閉塞感による社会的

不安や、新聞・テレビなど既存のメディアからの報道内容に対する反感などがあると指摘されてきた。

　中でも、多くの研究者たちが共通して挙げる嫌韓の前提は、日本人の**朝鮮**観である。ここでいう朝鮮には今の韓国だけでなく、植民地時代を含む韓国の過去や、北朝鮮、日本で暮らす在日の人々までが含まれる。旗田巍は『日本人の朝鮮観』（1969年）の中で、日本において「南北の朝鮮あるいは朝鮮人は、完全な外国あるいは外国人とみなされない傾向がある。理屈ではわかっていても感情の上では外国・外国人とみなさない傾向がある」、「すくなくとも対等につきあうべき外国人ではないという感情」があり、そのような偏見を生み出した直接の原因は植民地支配にあると述べた。

　実際、最近の研究によって、韓国人とアメリカ人に対する日本人の排外性は反比例することが明らかになっている。また、韓国の李明博元大統領の竹島（独島）上陸に比べ、ロシアのメドベージェフ前首相の北方領土上陸が、特にインターネット上で強く非難されないことも注目される。つまり、嫌韓は単なるゼノフォビアではない。

　こうした日本の朝鮮観は嫌韓論者

によって、植民地支配が遅れた朝鮮の近代化に寄与したという植民地支配の正当化につながる。また、この思考法は、1965年の日韓条約による経済協力で韓国が経済成長できたという論理にもなる。要するに、植民地時代にもその後も、日本は朝鮮・韓国に「施す」立場にあり、朝鮮・韓国は「施される」立場に位置づけられるのである。

　統一ドイツの初代大統領だったリヒャルト・フォン・ヴァイゼッカーは1995年東京での演説で次のように語った。「もし仮に、われわれドイツ人が『過去を川のように流してしまえ』という原則に従っていたならば、何も解決でき」なかったでしょう。「ときには謝罪が必要ですが、嘘偽りのない謝罪でなければ効果がありません」、「本気でなければ、謝罪などしない方がましです」。

　では、日本政府の対応はどうであったか。1979年にA級戦犯者が合祀された靖国神社への公式参拝、桜田義孝元文部科学副大臣（東京オリンピック・パラリンピック競技大会担当大臣など歴任）による慰安婦は「売春婦と言うけれど職業としての娼婦、ビジネスだった」との発言、安倍内閣での河野談話（1993年）見直し発言、世界遺産である長崎市軍

艦島（端島炭鉱）を含む「明治日本の産業革命遺産」における朝鮮人徴用工の強制性説明の問題などは、日本への信頼を傷つけ、せっかくなされた謝罪が「本気でないかも知れない」と、少なからずの韓国人らによって疑われかねないのである。

　しかし、歴史問題をめぐる韓国人の対日感情を政治的に利用する韓国人政治家も少なくなく、問題をこじらせている。つまり、韓国側にも非があることは明らかである。

　とはいえ、人を嫌悪する言動の自由の恐ろしさを忘れ、嫌韓に目をつぶっていいだろうか。嫌韓問題はこの問いを私たちに突きつけている。

　せっかく韓国のことに興味を抱くようになったのであれば、その気持ちを、誤解が生みだす**敵**ではなく、誤解をともに解く**友**を作るエネルギーに変えたほうが、暮らしやすい社会づくりに貢献できる。これは多文化共生への大きな前進となるだろう。

◇**ブックガイド**

太田修ほか『『マンガ嫌韓流』のここがデタラメ』コモンズ、2006 年。
梶村秀樹『朝鮮史』講談社現代新書、1977 年。
高崎宗司『「反日感情」韓国・朝鮮人と日本人』講談社現代新書、1993 年。
田中宏・板垣竜太編『日韓　新たな始まりのための 20 章』岩波書店、2007 年。
水野直樹・藤永壮・駒込武編『日本の植民地支配――肯定・賛美論を検証する』岩波ブックレット、2001 年。

◇**調べよう**

問題としての嫌韓と言える言動には何があるか調べよう。

◇**聞いてみよう**

嫌韓言動を見聞きしてどう思うか、周囲の人に聞いてみよう。

◇**考えよう**

『人種主義、ｗ人種差別、外国人嫌悪およびあらゆる形態の差別　ドゥドゥ・ディエン現代的形態の人種主義、人種差別、外国人嫌悪および関連する不寛容に関する特別報告者の報告書』を読んで差別について考えてみよう。

5 どうして食べられないの？
日本に広まるハラール食と
イスラモフォビア

澤井充生

保育園にハラール給食？

2020年10月5日、NHKのニュース番組で珍しい取り組みが紹介された。それは保育園におけるハラール給食【5-1】の導入である（NHK 2020年10月5日）。

東京北区の保育園で、イスラム教の園児に安心して給食を食べてもらおうと、イスラム教で禁じられている豚肉やアルコールが含まれていないことなどを示す「ハラール認証」を受けた給食の提供が5日から始まりました。

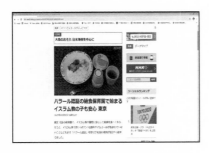

5-1 ハラール認証の給食 保育園で始まる（NHK 2020年10月5日）

イスラームでは食の規範が定められており、原則、豚肉や酒の飲食が禁止されている。イスラームで許容された食物はハラール食（ハラールな食物・食品）と呼ばれ、近年、日本国内のメディアでもよく報道されている。NHKのニュース番組で紹介されたハラール給食の導入は日本国内では非常に珍しい取り組みなのだが、ハラール給食の導入は、外国人ムスリム（イスラーム教徒）の子どもたちが日本国内で増加し、定着しつつあることを示している。

その一方、ハラール給食のニュースが報道されると、インターネット上（特にSNS）に否定的なコメントがすぐさま書き込まれ、イスラームに対する恐怖心や嫌悪感が拡散される傾向にある。日本にかぎらず、異質な集団や文化に対して警戒心を抱いてしまうのはごく自然な現象だろうが、ヘイト・スピーチのようなコメントはイスラームやムスリムに対する偏見や差別を助長するもので、イスラモフォビア（イスラーム恐怖症）として問題視されるべきで

ある。日本国内に暮らす外国人ムスリムは 1980 年代後半以降に数多く来日し、モスクは増加傾向にあり、日本各地にムスリム社会が形成されつつある。本章では、まず、日本国内における外国人ムスリムの増加、ハラール食の普及、外国人ムスリムと地域住民の文化摩擦を紹介し、近年、日本国内においてイスラモフォビアがなぜ噴出するのかについて考えてみたい。

日本にやってきた外国人ムスリム

　イスラームと日本との関わりは浅い。外国人ムスリムが明治期以降に移住するようになり、イスラームが伝来した。当時、インド系ムスリム、ロシアから亡命したタタール人が日本各地に移り住み、1935 年に神戸モスク、1936 年に名古屋モスク、1938 年に東京回教礼拝堂が建設された。当時の外国人ムスリムは多くて 1,000 人未満と考えられている。そのほか、ごく少数ながら、外国人ムスリムとの接触を契機として改宗した日本人ムスリムも存在した。
　日本国内においてムスリム社会が本格的に形成されるのは戦後のことである。1980 年代後半、イラン人、

バングラデシュ人、パキスタン人が来日し、ムスリム人口が飛躍的に増加した。当時、彼らはビザ相互免除協定のためパスポートだけで来日し、バブル全盛期の日本で労働者として重宝された（約 10 万人）。非正規滞在者が増加したため、ビザ相互免除協定が停止されると、外国人ムスリムは減少したが、1990 年代以降、インドネシア人やマレーシア人が研修生・技能実習生として来日するようになり、外国人ムスリムはふたたび増加した。関東地区を中心として日本各地にモスクが建設されるようになった。
　2018 年の時点で、日本に暮らすムスリム（滞日ムスリム）は 20 万人ほどである（外国人ムスリムが 16 万人、日本人ムスリムが 4 万人）。2016 年の統計資料によれば、インドネシア、パキスタン、バングラデシュ、マレーシア、トルコ、イランが上位を占める。バブル全盛期の日本経済を労働者として支えたパキスタン人、バングラデシュ人、イラン人のなかには、ハラール料理店、中古車販売店、貿易会社などの経営に成功し、モスクの管理責任者となった者もいる。関東地区にはエスニック・ビジネスに成功したムスリムが運営するモスクが多い。

そのほか、イスラーム諸国ではない国々にも、ムスリムの人口比率は低いものの、多数のムスリムが居住する。例えば、インドには2億人弱、中国には2000万人、ミャンマーには200万人強のムスリムが暮らしている。インド人ムスリムは戦前にいち早く来日した古株で、1935年に神戸にモスクを建設している。東京回教礼拝堂も1930年代に建設されたが、ロシアから亡命したタタール人が主要な信徒だった。なお、同礼拝堂は1986年に老朽化のため取り壊されたが、その跡地に建設されたのが東京ジャーミイである【5-2】。

5-2　金曜礼拝（東京ジャーミイ）
（筆者撮影　2015年6月）

ハラール食とは？：食べてかまわないもの

1990年代以降、外国人ムスリムの増加および長期滞在化にともない、日本国内にハラール食品を生産・販売する店舗、ハラール料理を提供する料理店が数多く登場するようになった。例えば、2010年頃から東京の新大久保や池袋などを中心としてハラール食品店が外国人ムスリムによって経営されている。新大久保駅の西側にはハラール食品店が集中する区域があり、「イスラーム横町」と呼ばれるほど活況を呈している。ハラールグルメジャパンのホームページによれば、2020年の時点では、東京都だけでハラール料理を提供する飲食店は300店舗ほど存在する。日本の場合、非ムスリムによるハラール料理の提供やハラール料理店の経営が目立つが、2010年代以降、ハラール料理は実は身近な料理になりつつあり（例えば、屋台のケバブ）、存在感は大きくなっている。

ハラールとはイスラームで食べてかまわないもの（つまり、禁止されていないもの）を指す。イスラームの法では礼拝や結婚などに関する行動倫理のほか、食の規範も定められ

ている。イスラーム法で許容された食品はハラール食（ハラールな食物・食品）、それに対して、禁止されたものはハラームな食品（ハラーム食品）という。イスラームでの豚肉の禁忌はよく知られているが、豚肉だけでなく、死肉、流れる血、アッラー以外の名を唱えて殺されたものもハラームと判断される。豚肉のほか、醸酎物の酒もハラームとみなされる。ただし、ここまで述べたことは原則論であり、イスラーム社会には様々な法解釈があり、また、実態として、豚肉を食べたり、飲酒したりするムスリムは存在する。ちなみに、聖典クルアーン（コーラン）で禁止されているのは葡萄の発酵酒である（クルアーン第5章第90節）。

　日本国内のハラール料理店には、ムスリムが経営する店舗、非ムスリムが経営する店舗があり、ムスリムだけで料理店を経営しているわけではない。また、ムスリム経営の店舗であれ、非ムスリム経営の店舗であれ、調理師がムスリムである店舗、調理師が非ムスリムである店舗も存在し、ハラール料理店には多様な形態がみられる。日本がイスラーム社会ではないことをふまえ、ハラームな食材・食品が使用されていなければ、非ムスリムが経営者あるいは調理師であっても、一切気にしないムスリムの顧客は存在する。飲酒に関しては、たとえムスリム経営のハラール料理店であってもアルコール飲料を提供する店は珍しくない。数少ない例だが、関東地区のハラール料理店には、アルコール飲料を提供することを理由にハラール・マークをあえて掲げない店舗がある。ハラームな食物に対する捉え方は実は千差万別なのである。

東南アジア発祥のハラール認証制度

　ハラール料理店は最近になって登場したわけではないが、2010年代以降、日本国内ではハラール認証制度を取得した店舗が急増しつつある。ハラール認証制度とは、東南アジアのマレーシア、シンガポール、インドネシアなどを発祥とし、政府機関あるいは民間団体などが主に商品に対してハラール認証を審査・発行する制度である。その発端は、1974年、マレーシアのイスラーム開発庁がハラール証明書を食品に対して発行したことにある。ハラール認証制度はインドネシアでは1989年から民間のイスラーム団体（ウラマー評議会）によって（2019年に政

府機関に移管）、シンガポールでは1978年から政府機関（シンガポールイスラーム評議会）によって実施されている。

マレーシア、インドネシア、シンガポールの各認証機関は海外のハラール認証団体に対してもハラール認証を審査・発行する業務を実施しており、日本国内のハラール認証団体の多くが海外のハラール認証機関からハラール認証を取得している。日本国内では、2010年、大阪に日本ハラール協会、東京にマレーシア・ハラール・コーポレーションが設立されている。両団体ともに主に日本国内の食品取扱店や業者に対してハラール認証業務を代行し、ハラール認証関連のセミナーや講習会を開催している。日本ハラール協会（現在はNPO法人）はマレーシア、イン

ドネシア、シンガポールなどからハラール認証団体として正式に承認されている。

こうした団体が設立された2010年代といえば、日本国内ではムスリム観光客誘致が行政や企業によって声高に叫ばれるようになった時期でもあり、ハラール認証制度は日本国内へのインバウンドと積極的に関連付けられている。例えば、日本経済新聞は「沖縄ツーリスト　イスラム教徒向けツアー　食事戒律に対応」と題し、ムスリム観光客の食事規制に配慮する試みを報道したことがある（『日本経済新聞』2012年10月13日）。実際、2010年代東南アジア諸国から来日するムスリム観光客が増加し、ハラール認証制度の導入はインバウンド・ビジネスとして注目された。日本国内のハラール認証事業の最大の特徴は、ムスリムだけでなく、非ムスリム（日本人）が積極的に関わることであろう。

5-3　ハラール機内食
（右手前にハラールマークがみえる）
（筆者撮影　2016年12月）

外国人ムスリムと地域住民との文化摩擦

ところで、ハラール食の認知度は首都圏や地方の大都市を中心に高まりつつあるが、外国人ムスリムと日本の地域住民とのあいだに文化摩擦

が発生していないわけではない。日本国内では外国人ムスリムはニューカマーであり、現在も地方では珍しい存在である。2000年代以降、外国人ムスリムが増加し続け、モスクや墓地の建設が計画されるようになると、地域住民から反対の声があがるようになった。例えば、2011年には石川県でモスク建設をめぐって石川ムスリム協会と地域住民が揉め、モスク建設への理解がなかなか得られなかった（『中日新聞』2011年10月23日）。ただし、金沢モスクは2014年に完成し、外観を町並みに合うように工夫したことが功を奏した。

宗教施設の建設が地域住民に反対されることは他の宗教でもあるが、ムスリム専用墓地の建設も容易なことではない。朝日新聞によれば、2008年、栃木県足利市板倉町でムスリム墓地の建設に対して地域住民が反対の声をあげた。日本国内でムスリムが土葬可能な墓地は東京都の多磨霊園【5-4】、山梨県、茨城県、静岡県、北海道、和歌山県、兵庫県などに存在するが、日本イスラーム文化センターが栃木県に新たなムスリム墓地の建設を計画した。足利市板倉町の人口は1,865人、このうち663人が足利市環境政策課に建設反対の署名を届け、およそ600人分の嘆願書が提出された。足利市関係者は、墓地建設は栃木県の条例には違反しないが、土葬を受け入れられない住民の感情もわかるという。足利市は日本イスラーム文化センターに「許可するためには地元の理解が不可欠」と伝えた（『朝日新聞』2010年10月18日）。このようにして、栃木県のムスリム墓地は頓挫してしまった。

5-4　東京の多磨霊園にあるムスリムの墓
（筆者撮影　2012年3月）

2020年12月に報道された一件も注目を集めた。大分県の別府ムスリム協会が墓地建設のために別府市日出町に土地を購入したのだが、地域住民が反対の声をあげ、町議会を巻き込んだ騒動にまで発展したのである。朝日新聞によれば、土葬用墓地建設による環境悪化を地域住民が危惧し、反対の陳情書を町長と町議会

に提出し、2020年12月4日、町議会は賛成多数で陳情を採択した。

　大分県日出町の山中に計画が持ち上がっているイスラム教徒（ムスリム）専用の土葬墓地について、定例町議会は4日、計画に反対する住民の陳情を賛成多数で採択した。水源への土葬墓地の影響による不安が理由。本田博文町長は「議会や住民の判断は尊重する」とする一方、墓地の整備に関する町条例に伴うムスリム側との事前協議中で、話し合いは続ける考えを示した。（『朝日新聞』2020年12月5日）

　毎日新聞によれば、実は、ムスリム墓地建設予定地の隣には修道院の墓地が存在し、土葬が実施されているという（『毎日新聞』2020年12月24日）。つまり、ムスリム墓地建設が物議を醸した日出町ではキリスト教の土葬は実地できているのである。ということは、地元住民は土葬全般に対してではなく、イスラームの土葬に対して異議を唱えたことになる。現時点では真相を確認することはできないが、ムスリム墓地建設に反対した地域住民は外国人を主体とするムスリムに対して不信感や恐怖心を抱き、墓地建設に反対したのかもしれない。

世界各地に蔓延しつつあるイスラモフォビア

　イスラームへの不信感や恐怖心がフォビアとなることはけっして珍しい現象ではない。実際、2001年9月11日の米国同時多発テロ事件の発生以来、イスラモフォビアを煽る発言や書籍は溢れている。もっとも2001年以前からイスラモフォビアは存在したのだが、それが顕著となったのは米国主導の対テロ戦争以降のことである。2010年代以降は、2014年の「イスラーム国」のカリフ制国家樹立宣言、2015年のシャルリー・エブド襲撃事件などのテロ事件がメディアで頻繁に取り上げられ、結果的に、イスラモフォビアを助長する論調が目につくようになった。欧米諸国にはムスリム移民とその子孫は戦後から多いが、偏見、差別は依然として根深い。

　現在、日本でも「イスラーム」と聞けば、紛争、難民、テロリズムを思い起こす人々は珍しくない。もちろんイスラーム諸国に過激なテロリストが存在することは事実であるが、ムスリム全員が過激派なわけで

はなく、一般の人々は暴力行為に反対する。冒頭で紹介したハラール給食は画期的な取り組みであるが、外国人ムスリムがハラール給食を希望すると発言したところ、インターネット上で執拗に非難するコメントが投稿された。ハラール給食の導入はけっして容易なことではないが、日本に暮らす外国人に対して、「イスラム圏にいるべき」「郷に従え」などのような差別的なコメントが発せられたことは嘆かわしい。

　日本の場合、外国人ムスリムは1980年代以降に来日したニューカマーであるが、人口は増加している。外国人ムスリムと結婚した日本人改宗者も珍しくない。実は、日本人改宗者の大多数が女性であるが、彼女たちの多くが外国人ムスリムとの国際結婚を機に改宗している。日本で生まれ育ったムスリム二世・三世も増えつつあり、芸能界やスポーツ界にも外国人ムスリムの親をもつ者はいる。例えば、映画俳優だったロイ・ジェームス（亡命タタール人二世）、米国野球界で活躍するダルビッシュ有（父親がイラン人）、モデルのローラ（父親がバングラデシュ人）、谷まりあ（父親がパキスタン人）は知名度が高い。イスラームは日本人にとって馴染みはないが、ムスリムはいまや珍しい隣人ではない。

◇ブックガイド
店田廣文『日本のモスク――滞日ムスリムの社会的活動』山川出版社、2015年。

◇調べよう
関東地区のモスクやハラール料理店がどこにあるのか調べてみよう。

◇聞いてみよう
東京の主要なモスク（例えば、東京ジャーミイ）を見学し、ムスリムの人々から来日経験を聞いてみよう。

◇考えよう
日本社会のなかのマイノリティの生活経験を考えてみよう。

そんな時代もあったの？
日系移民

今野裕子

海外出稼ぎと移民

「アメリカの方へ行ったら金が倍になるから言うて、2倍になる値打ちで、やっぱ出稼ぎに出たやろな」

「アメリカへ行ってきた先輩、明治25~26年頃に行った連中が5~6人おって、帰ってきて、金の3千円か4千円も持って帰ったら、その当時、大きな金持ちのように見えたもんや。その人たちが（ここで）羽織着て生活してるから、ハタ（他）の人はアメリカに傾いたんじゃないですかね」

これは1915年に和歌山県太地村（現・太地町）【6-1】からアメリカ合衆国（以下、アメリカ）へ出稼ぎ労働者として渡り、太平洋戦争（1941~45年）の始まる数か月前に日本へ帰国した小磯鉄之助が、1975年に語った言葉である（清水昭編「紀南の人々の海外体験記録[2]」、1993年）。いまではもっぱら

6-1　和歌山県太地町

外国人労働者を「受け入れる」立場となった日本だが、長い歴史の中でそう遠くはない昔、一攫千金を夢見て世界中に散らばっていった日本人がいた。小学校教員の月給が8~10円であった時代、手っ取り早く大金を稼げる外国での仕事は多くの若者にとって魅力的に映った。

現代では「移民」と言えば、外国に永住目的で渡航する人々のことを指すが、太平洋戦争前の日本では帰国を前提とした海外出稼ぎ労働者を**移民**と呼んでいた。しかし、諸事情により結果として外国に定住することを選んだ人も多く、その子孫は今日**日系〇〇人**として知られる（〇〇は国名）。

なぜ明治時代（1868～1912年）から太平洋戦争前にかけて日本からは多くの出稼ぎ労働者が出たのだろうか。その歴史を紐解くことで、移民の経験した現実に思いを馳せ、人が移動することの意味について考えてみよう。

奴隷制廃止とアジアからの移民

日本人が出稼ぎのため海を渡った19世紀の終わりから20世紀前半にかけて、労働を目的とした人の移動が世界中で活発化した。中でも中国やインドなどアジアからアメリカ大陸やカリブ海の島々に渡った労働者は、それまでサトウキビや綿花などの大規模農園で酷使されてきた奴隷に代わる安い労働力の提供者として望まれた。国際的な奴隷解放運動の影響により、1807年のイギリスを皮切りとして黒人奴隷貿易が関係国で漸次廃止されると、新たにこれらの「苦力」【6-2】と呼ばれる契約労働者の輸入が盛んになった。やがて奴隷制そのものが、ペルー（1851年）、アメリカ（1865年）、キューバ（1886年）、ブラジル（1888年）など、南北アメリカで軒並み廃止されてゆく。苦力は身分こそ奴隷ではなかっ

たものの、半ば強制的に連れてこられ、過酷な労働環境で命を落とすことも多い不自由労働者であった。

日本人移民の多くはいわゆる苦力貿易によって外国に運ばれたわけではなく、またアメリカのように苦力貿易を禁止し、少なくとも公には苦力の存在を認めない国もあった。しかし、19世紀のアジアから南北アメリカへの人流は奴隷制廃止による国際労働市場の変化と密接に結びついており、日本人労働者も奴隷に代わる安価な労働力の担い手としての役割を期待されていた。

このような不自由労働者としての日本人移民に対する受け入れ国、特にアメリカからの蔑視は、西洋的な近代国家を目指す日本の自画像とも、ある程度自らの意志で国境を越えた海外出稼ぎ者自身の意識とも、

6-2　船に乗る苦力
（1895年、アメリカ議会図書館）

大きくずれるものであった。

世界に散らばる日本人移民

さて、移民の捉え方は一様ではなく、自発的な海外出稼ぎ者や外国への渡航者以外にも、国策によって戦前の日本帝国の植民地や勢力圏に動員された人々なども含めることがある。ここでは移民を、日本本土から越境・移住した人々と広義に解釈し、時代別・渡航先別の傾向を押さえておこう。

〈ハワイ〉

近代になって海外渡航が解禁されると、日本の出稼ぎ者が最も早く向かった先はハワイであった。1868年、153名の日本人が当時独立した王国であったハワイ（1898年にアメリカ併合）のサトウキビ農園で働くため渡航する。しかし、過酷な労働状況に耐えかねた移民が苦情を申し立て、結局日本政府の仲介で40名が本国に送還された。明治元年に出発したため「元年者」と呼ばれたこれら移民の失敗により、政府は全ての海外出稼ぎを禁止した。

再び海外出稼ぎが可能になったのは1880年代である。1881年以来の緊縮財政によって日本経済は不況に陥り、農村は疲弊していた。1885年、日本政府はハワイ王国政府との間に協定を結び、主に西日本から契約労働者を募り、「官約移民」としてサトウキビ農園に送り込んだ。1894年まで続いたこの制度により、3万人弱がハワイに渡った。

〈アメリカ（カナダ）〉

官約移民が終了した頃からアメリカ本土やカナダへの日本人移民も徐々に増え始め、特にアメリカ西海岸での稼ぎのよさに目をつけてハワイから「転航」する者が続出した。多民族地域であったハワイとは異なり、アメリカ本土やカナダの西部では白人が人口的にも政治経済的にも他人種を圧倒した。増え続ける日本人に反感を抱いた白人労働者の間で日本人排斥を目指した排日運動が起こると、国家としての体面を気にかけた日本政府はアメリカとは「日米紳士協約」（1907~08年）を、カナダとは「ルミュー協約」（1908年）を結び、労働移民の出国を自主規制した。また、ハワイやカナダ、メキシコからアメリカ本土への転航も禁じられた。

このような規制にもかかわらず、カリフォルニア州の日本人は増え続

けた。日米紳士協約は入国済みの日本人男性が妻子を呼び寄せることは禁じなかったため、移民が故郷の仲介者を通して女性と見合い写真を交換し、「写真花嫁」として呼び寄せる習慣が広まった【6-3】。単身男性が多かった日本人社会に女性が増え、アメリカ生まれの世代が育った。このため、1924年に移民法が改正され、日本人は「帰化不能外国人」であることを理由に、アメリカへの移住を完全に禁止された。

6-3　写真花嫁とその夫
（1915年、アメリカ国立公文書館）

〈ブラジル（中南米）〉

　北米での移民規制を受け、移民の目的地は中南米にシフトした。ハワイで官約移民が終了した後、民間の移民会社が移民送出を請け負っていたが、アメリカ領となったハワイへの移民送り出しが日米紳士協約の成立によって厳しくなると、これらの事業者はペルー、アルゼンチン、メキシコなど新たに契約移民を送り込むのにふさわしい地域を開拓した。最初の移民は1899年のペルー移民だが、数の上ではブラジル移民が圧倒的に多い。1899年から1969年までの間に中南米に渡航した日本人移民は合計31万人あまりだが、このうち8割近くをブラジル移民が占める。

　1908年、最初のブラジル移民がサンパウロ州のコーヒー農園で働くために出発した。19世紀末のコーヒー不況によって途絶えたヨーロッパからの移民に代わる契約労働者として、家族で移住することを条件に迎え入れられた。さらに日本政府が国策として移民送出に乗り出し、独立自営農としてブラジルに永住する移民のために土地を購入して日本人移住地を建設した。このような政策により、ブラジル移民は1920年代後半から1930年代前半にかけて最盛期を迎えたが、移民排斥を目的とする「外国人移民二分制限法」が1934年に成立すると、日本からの新たな移民は著しく制限されることになった。

〈東南アジア・オーストラリア〉

　日本人移民の出稼ぎ先として有力

な地域には、東南アジアやオーストラリアも含まれた。

　欧米植民地であった東南アジアでは当初、日本人はインフラストラクチャー整備や農業、鉱山開発に携わる肉体労働者としての役割を期待された。明治以降、1941年までに東南アジアへ移住した76,000人弱の日本人のうちほぼ7割がフィリピンに渡航したが、そのきっかけとなったのは1903~04年のベンゲット道路建設工事であり、日本からの契約労働者が多数雇用された。男性労働者の増加に伴い、「からゆきさん」と呼ばれた日本人娼婦も東南アジア各地に現れた【6-4】。

　第一次世界大戦（1914~18年）を境に日本企業の経済進出が顕著になり、移民の職業も変化した。フィリピンのダバオでは麻栽培業に携わる者が増え、日本人経営の耕地面積も増加した。英領マラヤ（マレー半島）ではゴム栽培業に日系企業が進出した。東南アジアは太平洋戦争時に日本の占領下に置かれたが、このとき戦前から移住していた民間人の多くが軍に協力した。

　オーストラリアへの出稼ぎは1880年代に開始された。クイーンズランドに農業移民として渡った集団と、木曜島やブルーム【6-5】、ダーウィンで当時ボタンの材料として使われた白蝶貝を採取するダイバーとして雇われた集団があった。オーストラリアは1901年に連邦国家となったことをきっかけに、白人優先の白豪主義を全土に適用して有色人種の移民を制限したが、需要の高かった日本人ダイバーは取り締まりの対象とはならなかった。一方で採貝業は危険な仕事であり、事故や潜水病によって多くの日本人が命を落とした。

6-4　シンガポールのからゆきさんの墓

6-5　ブルームに多くの移民を出した
　　　和歌山県太地町の「ブルーム通り」

〈日本の植民地・勢力圏〉

　戦前の日本の植民地や、勢力圏（直接統治はしないものの、政治、経済、軍事の面において独占的に支配した地域）も、移民の主要渡航先であった。これらの地域には台湾、樺太、朝鮮、関東州、南洋群島、中国東北地区（満洲）が含まれる。商業目的の移民のほか、日本が土地を提供し、渡航費を援助した国策農業移民も多かった。1930年代半ばにはこれらの地域に合わせて推定140万人以上の日本人が住んでいた。

　ブラジルへの日本人移民が制限された1930年代半ば以降、新たな移民先として推奨されたのが満洲である。1932年に「満洲国」が建国されると、同地の治安維持を目的とする日本人農民の入植が軍によって計画された。当初は実験的な入植に留まったが、世界大恐慌（1929年）によって打撃を受けた農村の立て直し策として、二・二六事件（1936年）後政治に介入するようになった軍により大々的に推進される。1937年からの20年間で500万人を送出するという青写真が描かれた。

　当初は移民希望者を募っていたが、農村で人口過剰問題が解消されると送出計画の目標達成が難しくなった。このため政府は、地域ごとに移民目標数を割り当て、また村や郡が開拓団を結成すると送出数に応じて補助金を交付した。満洲への開拓団はこのような分村移民や分郷移民が主流となった点が、北米などへの移民とは異なる。また、政府の計画に沿って強制的に送出が行われた側面もあり、移民というよりも戦時動員に近かった。

　1945年までに約27万人が送出された満洲移民は、同年8月のソ連軍侵攻によって逃避行を強いられる。その途上で死亡した者も多く、また13,000人を超える女性と子どもがその後30年以上中国への残留を余儀なくされた。

　太平洋戦争終結後、1952年にブラジル移民が再開され、以後南米が日本人移民の主要な渡航先となったが、1970年代までに日本が高度経済成長を遂げると、大規模移民の時代は終わりを告げた。

　海外日系人協会の調べによると、永住目的で移住した日本人及びその子孫は2017年の時点でブラジルに約190万人、アメリカに約130万人（うちハワイは約24万人）、カナダに約12万人、ペルーに約10万人、アルゼンチンに約65,000人、オーストラリアに約38,000人、フィリピンに約33,000人いると推定

されている。

非合法移民

　合法ではない手段で外国に入国する移民は、非合法移民と呼ばれる。現代では例えばアメリカにおける中南米などからの非合法移民が想像されるであろう。しかし、日本人が非合法移民として外国に渡航していた時代もあった。

　冒頭で紹介した小磯鉄之助は、非合法移民としてアメリカに入国した。日米紳士協約により新規の労働移民は渡米を禁止されていたが、在米日本人の子どもとして入国することは許されていた。小磯は実の父親ではない在米の同郷出身者の養子となるため、戸籍を偽造した。

　戸籍の偽造は、小磯の出身地である太地村で組織的に行われていた。1870年代にそれまで村の主要産業であった捕鯨業が下火になり、太地の人々は海外出稼ぎに活路を見出していた。特にアメリカ在住者からの海外送金や献金【6-6】は、村の経済に重大な貢献をした。村にとっての海外出稼ぎの重要性を認識していた地元駐在の巡査・小壺寛之助は、書類偽造を摘発するところか見逃し

6-6　東明寺（太地町）に在米者から献金があったことを示す掲示

た。小壺の計らいにより80名ほどがアメリカに渡ることができたが、1915年に事が発覚すると小壺は免職となった。当時の新聞報道では、小壺が見返りとして金銭を受け取っていたことが示唆されている。詳細は不明だが、太地の人々は小壺に深く感謝し、本人や家族に援助を惜しまなかったという。

　他にも非合法的な移民の方法として、アメリカのロサンゼルスから同郷人が漁船を回してメキシコで密航者を乗せ、密かに入国させるといった事例が知られている。また、愛媛県からは漁船の一種である打瀬船を仕立ててアメリカに密航していた。さらに、シンガポールがアメリカやオーストラリアへの密航基地になっていたという証言もある。いずれにせよ、密航者や非合法移民とは、逮捕や検挙によって初めて浮き彫りに

なる存在である。したがって、正確な人数はわかっていない。

アメリカの日本人・日系人差別

世界各地に移住した日本人はさまざまな苦労を経験したが、アメリカ西部に移住した日本人とその子孫は、特に人種による差別や不公正に晒された。

カリフォルニアの日本人移民の圧倒的多数は農業移民であった。農業労働者や借地農から身を起こし、自分の農場を持つことが日本人移民の成功モデルであったが、1913年にカリフォルニア州で「外国人土地法」が制定されると、アメリカ市民権を持たない「帰化不能外国人」である日本人は、土地の所有を禁じられた。出生地主義を採用するアメリカで生まれた子どもは生まれながらにしてアメリカ市民であったため、移民は子どもの名義で土地を購入したが、1920年にはその抜け穴も塞がれ、借地権も奪われた。同様の法はその後他州でも可決された。

「帰化不能外国人」であることは、他にもアメリカの政治に参加できないなど、さまざまな不利益をもたらした。アメリカの帰化法では1790年以来、白人であることが市民権取得の条件となっていた。小沢孝雄は日本人も白人であるということを裁判で認めさせようとしたが、1922年の最高裁判所判決によって日本人の白人性は否定された。日本人の市民権取得が認められるのは1952年のことであった。

1941年12月8日（アメリカでは7日）の真珠湾攻撃によって太平洋戦争が始まり、日米が敵対関係になると、アメリカ西海岸一帯に暮らす日本人とその子らは、敵性外国人・敵性市民のレッテルを貼られ、1942年2月の大統領令9066号によって立ち退きを命じられた。3月以降、全米10か所の強制収容所【6-7】に約12万人（うち3分の2はアメリカ生まれの二世）が収監された。当時アメリカはドイツやイタリ

6-7　全米日系人博物館（ロサンゼルス）
展示の強制収容所内部

アとも敵対していたが、これらの国籍保持者やその子孫は、日本人・日系人のように集団で収容されることはなかった。

戦後、日系人の公正を求める働きかけ（リドレス運動）もあり、ようやく1982年になって強制収容は「人種偏見、戦時ヒステリー、政治指導者らの過失」の結果であるとの調査報告がなされ、1988年の「市民的自由法」によって大統領による公式の謝罪と、生存者への補償金支払いが行われた。

移民というと、現代の日本人にとっては日本に働きに来る外国人のイメージが強いだろう。しかし、日本人が海外出稼ぎ者や農業移民として、稼ぎのよい海外へ出かけていた時代もあった。

誰もが生まれ育った馴染みの土地を好んで離れるわけではない。なぜ嫌われたり、差別の対象になったりすることがわかっていながら、人は国境をまたぐのだろうか。日本人移民の歴史を知ることで、これらの疑問に対する答えが少しは見えてくるのではないだろうか。

①サトウキビが原産地ニューギニアからアジア、アフリカ、ヨーロッパに伝わる。

喫茶の習慣が広がる

②大航海時代、サトウキビがアメリカ大陸にもたらされる。サトウキビ大農場が作られ、黒人奴隷が働く。

ざっくり学ぶ
サトウキビと日系移民

③19世紀、ハワイにサトウキビ農園が作られる。
※もともとハワイにはポリネシア人が持ち込んだ
伝統植物としてのサトウキビがあった。

④日系移民がハワイのサトウキビ農園で働く。

◇ブックガイド

貴堂嘉之『移民国家アメリカの歴史』
岩波新書、2018年。

日本移民学会編『日本人と海外移住
──移民の歴史・現状・展望』明石書店、
2018年。

山崎豊子『二つの祖国』（一）～（四）
新潮文庫、2009年（初刊1983年）。

◇調べよう

移民を多く出している県がどこか調べ
よう。

さらにいつどの国や地域に移民を出し
ているか調べよう。

どのような人々が移民になったのか調
べよう。

◇聞いてみよう

身近な人にインタビューしてみよう。

「知り合いや親せきに、海外移住した人
はいますか？」

「どこの国になぜ移住しましたか？」

「日系人にはどのようなイメージがあ
りますか？」

◇考えよう

移民にとって理想的な渡航先はどのよ
うな国か考えよう。

第2部
ジェンダー・フォビア
Gender-Phobia

ジェンダー・フォビアって
どういうこと？

浅野麗

ジェンダー

　私たちはジェンダーという言葉を見たり聞いたりして、なんとなく男女の性別に関わる何かだと知っているだろう。しかし、その意味がいまいちわからなかったり、わかろうとしてつきつめると混乱してしまったりすることもある。

　近年流行した**ジェンダーレス男子**という言葉を思い出してみよう。2010年代に流通し始めたこの言葉には、奇妙なところがある。ジェンダーレスと言っているのに、そのあとにすぐ**男子**という性別を示す語句がつくからである。この奇妙さは、私たちがジェンダーをあいまいに理解していることを表すのではないだろうか。

　社会的・文化的性差と訳されるジェンダーを、男女の違いとか、その**らしさ**の違いとか、二つの性別がある状態のことだとするのもしっくりこない。ならば**性差**とだけ言って済ませばよいように思えるからだ。

　ここでひとまず、ジェンダーという言葉を次のように使うと決めておく。それは、**男・女**という性別はもとより、それにもとづく先入観や慣習や制度がどうやってつくられたのか、それ自体を問うためのものである。つまり、男なら・女なら○○らしくとか、男なら・女なら○○すべきだという慣習や先入観の成り立ちについて、批判的に明らかにするものだ。

　この考えは、性差別をなくすという目的をもつフェミニズムという思想、運動、批評、学問のなかで練り上げられてきた。

　そもそも私たちは、生物学的性差にひきつけて性別を自明にしがちだ。その性差が男・女のらしさをうみ出すとも。だが、そう思えるのはどうしてなのか、この認知をなかなか問おうとはしない。ジェンダーという言葉を使うと、この認知も問えるようになる。そして、世の中の人間は必ず男か女かに分けることができる、とする**性別二元論**には限界があるということも考えられるようになる。

少し混乱が生じるかもしれない。人間を男女のどちらかに分ける性別も問う対象になるの？というように。けれども、それも慣習的なもの、あるいは歴史を経て制度になったというように、解きほぐして考えられることである。

例えば日本では、この世に生まれた瞬間に、医師が新生児の外性器を判別して男か女かに分類する。それが出生届に記入され、つづいて戸籍に記入される。そういう決まりだ。外性器の特徴のちがいを判別された一瞬のことで、どうして私たちは男である、女であると思い続けるのだろうか。それは人間の本能と言うだろうか。しかし、そう言うのなら、社会はもとより政治も経済も文化も不要となろう。ここで述べた「そういう決まりだ」ということの背景にあることは何かを問うときに、社会的、文化的につくられた性差という見方をとることが役に立つ。

ジェンダーという言葉は、社会的、文化的につくり出される性差を、このように根源的なところから照らし出そうとするものだ。根源的だからこそ、これに対してこわいという気持ちや、それゆえの発言や行動も生まれる。そこに潜む心性を**ジェンダー・フォビア**（以下、フォビ

アと略記）として話を進めよう。

冒頭にジェンダーレス男子という言葉を挙げたが、かつて、これに似た言葉があった。それは**ジェンダー・フリー**である。ここで言うフリーはひとまず、レスと同じような意味合いで受け取っておいてよい。シュガーレス、シュガーフリーという言葉、ストレスフリーという言葉もある。それがない状態を指し示すものだが、その意味合いを持つジェンダー・フリーという言葉は、かつて2000年代前半に非難の対象になったことがある。これを**ジェンダー・フリー・バッシング**という。ジェンダーレスは流通したのならば、どうしてジェンダー・フリーとジェンダーレスでは受け止め方が違ったのか、本当に違うと言えるのだろうか、と考えてみよう。

2000年代前半のジェンダー・フリー・バッシングは、ジェンダーという言葉を使って考えることを避けるようなムードをつくってしまった、という見解がある。そのムードを、ここから**ジェンダー・バックラッシュ**（以下、**バックラッシュ**と略記）

男女共同参画　　　　伝統的ジェンダー規範

7-1　ジェンダーバックラッシュ

と呼び、これをフォビアの表れとして話を進めよう。

　バックラッシュとは、1999年の男女共同参画社会基本法の施行後、全国の自治体で男女共同参画推進条例を策定する動きなどに対して起きた反動、というのが通説だ。2002年から2005年頃までがピークとも言われる。

　飯野由里子は、ジェンダー・フリー・バッシングに抗議した人たちもいたのに、いまに至る日本社会はバックラッシュのつくり出したムードを解消できないまま、結果的にジェンダーという考え方を放棄してきたのではないかと言う*。どういうことだろうか。ジェンダー・フリー・バッシングの典型的な発言を確認しておこう。

　それは例えば、ジェンダーを観点にして思考したり、発言したりすることを「男らしさ／女らしさを否定するものだ」とするものである。ほかには「男でもない、女でもない存在としての「中性人間」をつくり出すような考え方はよくない」とするものもある。なぜよくないのか。それぞれのらしさを身につけながら**男**や**女**の自覚を持ち、異性同士の恋愛（異性愛）や結婚による家族の形成に「中性人間」は寄与しないとされるからである。

　この「中性人間」なるものは、父・母・子を核とする家を維持しようとする伝統的な家族のあり方を脅かす存在としてイメージされる。ここで思い出されるのは、このイメージとLGBTを結びつけて、2018年に国会議員が「LGBTには生産性がない」と言ったものである。ここで言う「生産性」とは、次世代の労働力となる子どもをつくること、その効率性の良さを指す。そこで**LGBT**は、伝統的な家族のあり方を脅かす存在として否定的に攻撃された。

　あらためて確認しておく。男か女

---

*　飯野由里子「フェミニズムはバックラッシュとの闘いの中で採用してきた自らの戦略を見直す時期にきている」『エトセトラ』Vol.4、2020年

に分類される二種の人間で世界は構成されるという性別二元論を問題視し、それに囚われない豊かな関係を模索する道具としてジェンダーという言葉はある。それは、男は父に、女は母になるということを前提とする伝統的な家族観とセットでつくられる性別役割分担（男は外で働き、女は内で働くといったもの）や、その分担の基準と切り離されない性差別を解消することをもくろむ。政治や国のあり方を問うことにつながるのは必至だ。

　すると、バックラッシュの典型的な発言から読み取れるのは、次のようなことになる。性別二元論を自明のこととして不問に付すこと、そして、伝統的な家族形成に至らないとみなす人間を不要とする、ということに疑念を抱かせないこと、である。ここで、社会的・文化的性差に焦点をすえ、問題にするような態度そのものの方こそ不自然だと言えるようになってしまうのだ。それは過剰で「行き過ぎた」考え方だ、というように。

　ジェンダーという言葉を使って考えることは、こうやって放棄させられるのだろう。男か女か、これを判別できないとみなす存在を標的にしつつ、その前提の性別二元論を絶対

としながら、ジェンダーという言葉を用いた思考を容認しない、というムードがこうして出来上がるのだ。

　さて、ここから考えたいことは、ジェンダーレス男子という言葉が流行ってもバックラッシュの動きは解消されておらず、そこにフォビアが潜んでいるのではないか、ということだ。

　2010年代になってジェンダーレスという言葉が流通したことは、ジェンダーという考え方を社会が放棄したという仮説に反するのではないか、と思うかもしれない。けれどもその言葉が流通する一方で、「LGBTには生産性がない」という発言もあらわれた。こういう反動は仕方がない、のだろうか。ここで止まってしまうのは間違っているだろう。

ジェンダーレスの男子？

　ジェンダーレス男子という言葉は2015年頃からファッション業界で注目されはじめた。2016年には、新ジャンルの**イケメン**のことを指すようになる。「性別の壁を超えた中性的な魅力を持つ男子のこと」で、「オネエ系タレントに続く新たなジャンルとして、そのファッション性

や独自の存在感が注目」されたという（イミダス「新語流行語」、2018年）。

イケメンへの分類や、その新規性の強調は、一見バックラッシュとは無関係そうだ。なぜなら、その呼び方からは、**男らしさ／女らしさ**の呪縛や性別二元論を古い考えとして蹴散らし、その問い直しなど用済みとする生き方がうかがえるからだ。らしさの呪縛から解放され、自分らしくありのままに生きることをファッションで自由に表現できるってステキ！

ただし、繰り返すけれども、ここに**男子**という言葉が付いて流通したことに立ち止まりたい。それはそれで問題だが、**ジェンダーレス女子**もいるのに**男**ばかりが注目されておかしいという不均衡を言いたいのではない。**〇〇男子**や**〇〇女子**といった言葉が流行したから、それに便乗しただけだろうというクールな処理をしたいわけでもない。

指摘したいのは、ジェンダーレスと呼ばれる存在を男子と呼ばずにはいられないモードのことである。つまり、ジェンダーレスと言ってもなお、その存在を男・女のどちらかに分類しないと決まりが悪い、と思ってしまう空気だ。ここには、男か女かがわからないこと、それが曖昧で

あることを避けるはたらきがみてとれる。「性別に囚われずに自分らしく自由に生きる」ことへの共感を寄せつつ、男か女かを識別せずにはいられないことをあらわす用語はとても奇妙なのだ。ここに盛り込むと頭がパンクするかもしれないが**女子力**という言葉の定着も、この文脈で考えれば疑問に思えるだろう。らしさの押しつけはよくないと知っていても、「女子力高め」と言えてしまうのはどういうことなのか、というように。

これは、男には男らしい何かがあり、女には女らしい何かがある、ということを単純に信じるより厄介な問題を含んでいる。というのもジェンダーレス男子という表現は、ジェンダーレスという言葉を、社会で肯定されている「性別に囚われずに自分らしく自由に生きる」スタイルと結びつけながら、これをファッションという個人の趣味の話題にとどめ、ジェンダーという言葉の持つ問題提起性や、その可能性を切り縮めて流通させることになる、と言えるからだ。

誰もがほんとうに「性別に囚われずに自分らしく自由に生きる」ために、ジェンダーという言葉を用いて考えるならこうなる。なぜ、ジェン

ダーレスとみなす存在を、性別に依拠して分類しようとする空気・仕組みがあり続けるのか、また、「自分らしさ」を損なうことに関わっているはずの性別二元論の話法を、それでも相変わらず持ち続ける私たちとは何か、ということだ。これを問えずにいるのなら、私たちは、ジェンダーという言葉の使い方をわからないままにジェンダーレスと言っていることになる。奇妙なのはこの言葉ではなく、このように言葉を使ってしまう私たちなのではないか。

「ふつう」への問い

それでも、もはや現代社会はジェンダーという言葉や考え方を必要としない段階まで来ている、と考える人もいるかもしれない。**性の多様性**という言葉もあるし、LGBTという言葉もある。それらは、ジェンダーに注目して社会を考え直してきた成果であり、現代社会は「性別に囚われずに自分らしく自由に生きる」ことに寛容になった、と。つまり、人は望めば性別二元論から自由になれるのであり、そうなりたい人の選択が尊重されることは当たり前、もう問うことはない、と。だからジェンダーという概念も不要、それを重視したフェミニズムも不要だ。本当にそうだろうか。もう少し考えてみよう。

例えば**性の多様性**あるいは**多様な性**というとき、私たちは男・女以外の**性**の側にばかり多様性を見いだそうとしていないだろうか。男と女以外をLGBTと括り、そちらの側を尊重すると言って終わっていないだろうか。そこでLGBTは、まるで男・女の「その他」のようにしているのではないか。

例えば、男・女というイメージに収まらない存在を想定するときに、男・女のカテゴリーを前提とする恋愛や結婚を「ふつう」とみなしていないかどうか、を同時に問うてみたらどうだろう。すると「ふつう」以外も認めるということと尊重とを同じ、としていることに気づく。そこで「ふつう」は当たり前、これは何も変える必要がないものになっていないだろうか、という吟味もできる。多様な性を尊重して豊かな社会を目指すというスローガンにばかり気を取られ、尊重する側とされる側のあいだの境界線ばかりを意識し、する側の「ふつう」が問われなくなる。この「ふつう」を基準にした尊重を見直してみよう。

例えば同性婚を国が認めるようになることが、多様な性を尊重することと同じだ、それでよいと考えがちな人は、ちょっと踏みとどまってみよう。

同性婚の求めを尊重することは、婚姻を誰にでも「ふつう」に認めるという観点で理解されがちだろう。だが、誰もが世帯をかまえて生活することが、男・女の異性関係をモデルとして制度化されたものなら、少しためらいが生じる。なぜなら、それはそもそも、男女の役割分担、育児などの家事負担を抱えながら労働する女性への差別的待遇、そもそも恋愛や結婚をしない選択をすることへの偏見などともセットで成立してきたものだからだ。誰もが平等に結婚できる社会を目指すのは当然である。けれども、その結婚をめぐる制度に問題はなかっただろうかと問うことも重要だ。

二人の大人の男女が出会い、子を産み育てる場のみを家庭と呼び、そこに属すものを家族とするコミュニティ観そのものが、かつて国家との関係のなかでどう作られてきたのか、そのときにどのような考え方が使われたのか、といった問題もある。

こういった制度への問いを忘れたまま、多様な性に寛容であろうとし

たり、これを尊重したりすることは、寛容に尊重しようとする側には当たり前すぎてみえなくなっている性別二元論を問わない、そのことのカモフラージュになってしまう場合もある。このように、マジョリティが、ジェンダーという言葉を使って考えなければならないことを放棄するという罠にはまらないところで、多様な性のありようを考えなくてはならない。

多様であるとはどういうことか？

さて、最後に知ってほしいのは、多様な性やLGBTという言葉を活用する現代において、「性別に囚われない自由」をお題目にしないための視点である。LGBTという言葉の使われ方に関わって述べておこう。この言葉がここまで人口に膾炙したのは、単に日本社会における人権意識が変化（進化）した、とは言えない側面がある。

「LGBT市場」という言葉があり、大手広告代理店の電通は2016年、その市場規模の大きさを踏まえて「レインボー消費」という用語を使った。レインボーとは、性的マイノリティの人々による、既存の制度へ

の抵抗を示す象徴的カラーで、例えば男を青系、女を赤（ピンク）系で識別する慣習があるとして（今でも公共空間のトイレの男性は青、女性は赤のところがある）、そういった色による性別表現に抵抗する意味も持つ。虹のどの色にもなれ、そのどの色も自分であるといえる、そんな「自由」も標榜する。

さて、市場、消費といった言葉からわかるように、LGBTに寛容であるとか、これを尊重するといったことが、経済活動促進の文脈で使われることには用心が必要だ。LGBTと一括りにして表現することの問題も、ここにはある。すでに多くの批判があるが、そもそも「レインボー消費」と呼ばれる行動をする者の差異そのものが忘れられがちである。その上で、男・女の異性愛にもとづく、いわゆる異性愛市場とはちがう場所に「LGBT市場」があるようなイメージ形成は、前節で述べた点からいっても問題含みだろう。

『はじめて学ぶLGBT』（ナツメ社、2019年）では、この市場活性化のために使われるモチーフやイメージに注意を促している。例えば、同性婚を新たなビジネスの機会と見込んだウエディング業界などで用いられたイメージ写真では、ゲイのカップ

ルは礼服を着るか袴をはく、レズビアンのカップルは両者とも純白のウエディング・ドレスを着る、という。ここで指摘されているのは、こういったイメージ写真に、2人の「男らしい男性」、「女らしい女性」が写し出され、同性同士のカップルに「ふつう」の挙式をすることが強く求められているかもしれない、という可能性だ。異性同士の挙式パターンを逸脱せず「ふつう」に準じさせてしまうなら、それは、性的マイノリティを尊重する社会というより、「ふつう」からの逸脱を許容しない社会の不寛容さを映し出すものにもみえる。その結婚のイメージがもたらす窮屈さを考えてみてもいいだろう。

経済の文脈で多用される**ダイバーシティ**という言葉、また、政治の言う女性活躍といった言葉についても、それぞれの性を生きる人や女性に見込まれるありのまま、あるいは**活躍**する姿がどういうものなのか、これらへの問いもセットで持っておきたい。

それらの言葉は、経済や政治が求めるパターンに合わせられる資格を持った人だけを、いつのまにか選別しているかもしれない。そのような条件付きで、尊重されたり、活躍を求められたりすることは、なんだか

不公平ではないか？　だから私たちは、ダイバーシティや女性活躍が言われる時代に生きていることを単に喜ばしい、肯定できると思うだけでは十分じゃない。ジェンダーやフェミニズムにもとづいて考えることを不要だ、と言うのも、まだまだできないのだ。

◇**ブックガイド**
森山至貴『LGBTを読みとく——クィア・スタディーズ入門』ちくま新書、2017年。
遠藤まめた『オレは絶対にワタシじゃない——トランスジェンダー逆襲の記』はるか書房、2018年。
清水晶子『フェミニズムってなんですか？』文春新書、2022年。

◇**調べよう**
1. 「性別役割分担」・「性別役割分業」の歴史について企業社会との関連で調べよう。
2. 「ダイバーシティ」という言葉ができ、流通した背景について調べよう。
3. 「同性婚」について、世界各国ではどのような法律があるのかを調べよう。

◇**聞いてみよう**
身近な人にインタビューしてみよう。
1. 性格や行動などで、男らしい・女らしいという言葉でイメージするのはどんなことですか？
2. 仕事や家庭の役割で、男らしい・女らしいとイメージするのはどんなことですか？
3. 結婚について、何をどうすることだとイメージしていますか？

◇**考えよう**
恋愛結婚について、その歴史を踏まえて現代ではどのような価値が見いだされているのか、それはどうしてなのかを考えてみよう。

おネエの役割
カリスマ？怪物？人生の達人？

黒岩裕市

おネエキャラの活躍

　メディアにおいて、**おネエキャラ**と呼ばれるタレントが活躍している。2000年代半ばにはブームのような状況になり、ゴールデンタイムのテレビ番組に何人ものおネエキャラが登場し、人気を集めた。2011年の新語・流行語大賞にはおねえキャラがノミネートされ、**おネエ**という言葉も人々の間に定着することとなった。

　それでは、「おネエキャラ」とはどのようなタレントを指すのかと言えば、その定義は曖昧である。例えば、2011年（5月10日）に放送された『ロンドンハーツ2時間スペシャル』（テレビ朝日）の「格付けしあうオネエたち」には、IKKO、小椋ケンイチ、KABA.ちゃん、クリス松村、楽しんご、はるな愛、前田健、真島茂樹、ミッツ・マングローブ、山咲トオルといった当時活躍していた10名がおネエとして出演しているが、性自認、ジェンダー表現、性的指向ともかなりの幅がある。ゲ

イであることをカミングアウトしている人もいれば、トランス女性もいる。女性的な言葉遣いや言い回しを過度に演出し、パロディ化した**おネエことば**を用いるという共通点があるが、その使用の頻度や強弱にもかなりの違いがある。

　その一方で、おネエがブームになったとはいえ、おネエへのフォビアが消滅したわけではないことにも注意する必要がある。ブームの最中の2010年当時、東京都知事であった石原慎太郎は、おネエキャラを念頭に置き、「テレビなんかにも同性愛者が平気で出るでしょ。日本は野放図になり過ぎている」と反感を露わにした。そして、後日、この発言の真意を問われた際には「［同性愛者について］どこかやっぱり足りない感じがする。遺伝とかのせいでしょう。マイノリティで気の毒ですよ」と述べた。

　石原のこうした差別発言には多くの批判の声が上がったが、公式に撤回されることもなく、それどころか、2017年にはTwitterで「最近、

75

女装した男のテレビタレントが大流行だが、あれは一体どう言うことなのだろうか。さっぱり訳が分からない。世の中が衰退し、何でもありと狂ってきた証なのだろうか」とツイートし、またしても差別発言を繰り返した。石原の発言からは、おネエへのフォビアが「同性愛者」に対するホモフォビアと「女装」に対するトランスフォビア（第10章を参照のこと）が絡まり合ったものであることがうかがえるわけだが、いくらおネエが活躍しているといっても、こうしたフォビアはつねに存在していたし、今でも存在しているのである。

カリスマであり、怪物である

2022年現在に至るまでさまざまな番組で活躍しているおネエキャラだが、ブームになった2000年代半ばには、メイクオーバー・メディアというジャンルの番組に登場することで脚光を浴びることが多かった。

おネエことばを研究した言語学者のクレア・マリィは『「おネエことば」論』（2013年）でメイクオーバー・メディアにおけるおネエキャラの役割を分析している。メイクオーバー・メディアとは変身や変容（トランスフォーメーション）を基本とし、「素人・個人の服装や住まい、料理の腕前やDIYの知識を変えることによって生活全般の改善と個人の幸せを高めるためのノウハウを伝授する」ことを主題としたものである。そうした番組で「自己努力に基づくトランスフォーメーションの成功例」として、おネエキャラが登場したのである。

そこでおネエキャラに期待された役割は、視聴者に「より美しく、より自分らしく生活の改善をすることを呼びかけ、ライフスタイルの消費を促す」ことであった。特に「女性的な優しさと美しさの体現者であるとともにそのパロディでもある専門家＝おネエキャラのユーモアを伴った毒舌的「お叱り」シーン」が視聴者に受け、それがブームの原動力になったのだ。[*]

そして、その「「お叱り」シーン」を効果的に演出するのが、毒舌を交えて相手を落とし、しかし落としっぱなしで放置するのではなく、ユー

---

[*]　『「おネエことば」論』pp. 28~29、43~44。

モアを込めてフォローするおネエこ
とばであった。おネエことばの毒舌
の匙加減やシリアスな内容とユーモ
ラスな語り口の絶妙な按配がおネエ
キャラの腕の見せ所になったのであ
る。

　こうしたおネエのブームを特徴づ
けるテレビ番組に、2006 年 10 月
から 2009 年 3 月まで日本テレビ系
列で放送された『おネエ MANS』
がある。この番組には IKKO らが、
メイク、ファッションの**カリスマ**と
して登場し、その後のおネエの人気
の土台を築いた。ちなみに、『おネ
エ MANS』は、アメリカ合衆国で
制作され、世界的にヒットした『ク
ィア・アイ』と同じ仕組みの番組だ
が、『クィア・アイ』と比較すると、
おネエことばを前面に出すカリスマ
は『おネエ MANS』のほうに多く
出演している。

　マリィによる『おネエ MANS』
の分析をたどれば、この番組におけ
るおネエキャラはおネエことばを駆
使し、「プロの技術やノウハウを提
示する役割を担いながら、バラエテ
ィ番組に必須の笑いを誘う存在」に
なる。そしてポイントは、美のエキ

スパートでありながらも、視聴者に
とっておネエキャラ自体は目指すべ
き対象ではないということである。
おネエキャラはカリスマであると同
時に滑稽な**怪物**でもあるのだ。マリ
ィは、IKKO をはじめとするおネエ
が大ヒット映画の『もののけ姫』の
「もののけ」と重ね合わされ、笑い
が生み出された回を紹介している。
そうした笑いの根源にはおネエへの
フォビアがあるわけだが、そのよう
にして、カリスマであり、かつ怪物
として、おネエキャラはメイクオー
バー・メディアの中で消費されると
同時に、おネエことばによる巧みな
話術によって、視聴者に消費を促し
たのであった。[*]

小説の中のおネエ：
川上弘美の作品に目を向けて

　本章ではここからおネエキャラが
ブームになった 2000 年代半ばから
後半にかけて発表されたおネエキャ
ラが登場する小説に目を移す。
　具体的には「ストーリーのあるモ
ノと暮らし」を提案したライフスタ
イル情報誌である『クウネル』とい

---

[*]　　『「おネエことば」論』pp. 77~84。

タイトル	『クウネル』号数、発行年月	単行本、発行年
「コーヒーメーカー」①	第5号（2004年1月） 特集「コーヒーはいかが？」	『ざらざら』（2006年）
「山羊のいる草原」②	第11号（2005年1月） 特集「ミシンで、だだだ。」	『ざらざら』
「修三ちゃんの黒豆」③	第30号（2008年3月） 特集「捨てないはぎれ。」	『パスタマシーンの幽霊』（2010年）
「道明寺ふたつ」④	第37号（2009年5月） 特集「おっ、いい器。」	『パスタマシーンの幽霊』
「はにわ」⑤	第46号（2010年11月） 特集「おしゃれについて。」	『猫を拾いに』（2013年）
「ルル秋桜」⑥	第72号（2015年3月） 特集「はじめて物語。」	『ぼくの死体をよろしくたのむ』（2017年）

8-1　杏子と修三のシリーズ

う雑誌に、作家の川上弘美が掲載していた、見開きで4頁の短い小説を取り上げる。なお、「ストーリーのあるモノと暮らし」とは『クウネル』創刊時（2002年）のコンセプトであり、同誌のイメージキャラクター「クウネルくん」を紹介した創刊号（『an・an』増刊）の頁によると、しっかりと食べ（クウ）、ぐっすりと眠り（ネル）、動物や植物とも共存しつつ、空を見上げてぼうっとしたり、ゆっくりと深呼吸したりするような時間を大切にする、「気持ちのいい暮らし」が提唱されている。

川上弘美の連載は雑誌の企画とも緩やかに連動するもので、原則的には一話で完結する短篇なのだが、シリーズ化したものもあった。本章で検討したいのは杏子と修三が出てくるシリーズである。

「コーヒーメーカー」から「道明寺ふたつ」までの2編では、絵描きで、自宅で子ども相手の絵画教室を開いている杏子とエリートサラリーマンの中林という男性との恋愛が主題となる。杏子は中林との別れ、復活、再度の別れを経験する。そして、その過程で、「だめな恋」（③126）にはまった「ばかなあたし」（③116）を自称する杏子を、杏子の美大時代からの親友であるおネエの修三が時に叱り、時に励まし、落ち込んだ杏子の回復の手助けをするのである。*「おネエMANS」のような

---

*　『ざらざら』と『パスタマシーンの幽霊』からの引用は新潮文庫版に拠り、①〜④の記号とともに頁数を本文中に記す。

番組とは雰囲気がかなり異なり、ゆったりとした世界が展開するのだが、そこでおネエはどのような役割を果たすのだろうか。

今、修三のことをおネエと記したが、修三は杏子に「わたしのことは、きちんとおかまって呼んで」（①40）と述べている。つまり、修三自身は「おかま」と呼ばれることを求めているのである。杏子も「おかまっていう呼びかたは、あたしはあんまりしたくないのだけれど」（③116）と述べ、「おかま」という言葉の差別性に自覚的であることがうかがえるのだが、そうなると、修三は「おかま」という蔑称をあえて引き受けつつ、「おかま」というスタイルで振る舞う人物であるといえる。「おかま」とおネエはつねに重なるわけではないが、おネエブームが始まった2005年の現代用語辞典にはおネエが「おかま」の代わりに使われているといった記述があるため、作中で修三に対して用いられる「おかま」はおネエに近いものであるといっていいだろう。

小説の中で修三の「おかま」≒おネエとしてのスタイルを際立たせるのがおネエことばである。

一作目の「コーヒーメーカー」では、恋の相談をした時の修三のもの

すごく簡潔な助言が記されている。杏子が二股をした際には「どっちの片方を選んでもきっと後悔するから、両方やめたらぁ」、片思いの時には「時間の無駄ぁ」という返答がなされたのであった（①40）。杏子は「よその人に言われたらむっとしたかもしれないけれど、修三ちゃんから言われると、なんだか納得してしまう」（①40~41）というのだが、そこには修三が用いるおネエことばの効果があるように思われる。それは、はっきり言うことで**助言として**の**簡潔さ**を維持しながらも、語尾の柔らかさで相手をつけはなしたり、傷つけたりすることはないという効果である。

なお、「やめたらぁ」、「無駄ぁ」といった語尾における小さい「ぁ」の使用が見られるが、本来話し言葉であるおネエことばの書き言葉としての工夫と言えるだろう。

人生の達人としてのおネエ

二作目の「山羊のいる草原」で杏子は中林に振られ、三作目の「修三ちゃんの黒豆」では中林から連絡が来たことで復活し、四作目の「道明寺ふたつ」では中林との結婚の話も

出るのだが、結局、杏子のほうから中林に別れを切り出すという展開になる。

一度目の別れの後、「山羊のいる草原」では、杏子が修三に「あんたみたいな女が男を駄目にするのよね、自業自得ってこと、結局」と言われ、「あたしはうなだれたけれど、もう回復期に入っているので、なまじ優しげな言葉をかけられるよりも、こういう言葉のほうが助かるのだ。修三ちゃんて、やっぱり人生の達人だ」という思いを抱く場面がある（②80）。この「人生の達人」というものがこのシリーズで修三の果たす役割なのである。

ところで、**人生の達人**という役割はしばしばおネエに割り振られるものである。テレビ番組での人生の達人という役割には、ワイドショーやバラエティでの**ご意見番**が相当するだろう。例えば、2010年代にもっとも活躍したおネエキャラの一人であるマツコ・デラックスは、オリコン・ニュースで発表された「好きな"芸能界のご意見番"ランキング」2022年版で1位であり（4年連続）、10代から50代までどの年齢層でも

首位を獲得している＊。この点からもご意見番（≒人生の達人）としてのおネエは多くの視聴者に定着していることがうかがえる。

杏子と修三のシリーズに戻ろう。二作目の「山羊のいる草原」の後半では、中林に手ひどく振られた杏子が修三の部屋を訪ねる。そうすると修三は、「でももう回復期に入ったのよね」と言い、二人でアップリケを作ることになる。そのアップリケは「何にもしない。ただの布のままにしといて、気が向いたら見たり触ったりして楽しむの」というものなのだが、そのように語る修三の口調は、恋愛相談へのアドバイスの簡潔さとは対照的にゆったりと優しいものである（②79）。修三のこうした言動や修三との共同作業が杏子を癒し、落ち込んだ杏子の回復を手助けすることになるのである。

ちなみに、この回の『クウネル』の特集は「ミシンで、だだだ。」で、修三とともに「おもむろにだーっと縫ってゆく」（②81）杏子のアップリケ作りとも重なる。『クウネル』が描き出すゆるやかなライフスタイルと「山羊のいる草原」での修三の

＊　https://www.oricon.co.jp/special/58925/ ［2022年7月24日参照］

振る舞いは合致し、メイクオーバー・メディアほど露骨なやり方ではないとしても、修三もまた掲載誌『クウネル』が提案する消費へと読者を向かわせる役割を果たしているのである。

さらに、修三は杏子の誕生日にから揚げやサンドイッチといった杏子の好物を作り、「まったく嗜好が子供なんだから」と言いつつも、杏子とともに食べる（②82）。三作目の「修三ちゃんの黒豆」でも中林との恋愛に迷う杏子に修三は「アン子向けのお子さまメニュー」（③122）を作って食べさせる場面がある。

修三は単に料理が上手だというだけではなく、杏子が必要としている料理を的確に提供することができるのである。こうした点からも、修三は、かなり高度な能力——家事能力に加え、洞察力をも——をもった人物として登場してきていることが指摘できる。しかも、修三は「大手の広告代理店」勤務の「やり手」でもあり（③120）、杏子が恋するエリートサラリーマンの中林に匹敵する社会的地位までももっている。[*]

二作目の「山羊のいる草原」では、誕生日の翌朝、杏子が修三の部屋で目覚めると、修三によってスープが用意されている。そのスープのおかげもあって、杏子は中林への思いを（いったん）断ち切ることになる。その際に「自分のための涙」（②84）をしっかりと流したということが印象的に語られているが、修三は杏子が自分自身を取り戻す手助けをしたのである。

ところで、メイクオーバー・メディアでは、おネエキャラは相手となる人物を変化させる役割を担っていたが、修三はどうか。修三自身はファッションへの強いこだわりがあるようなのだが、修三が杏子にファッションやメイクでの変身を促すことはしない。外見的なことよりも、修三は杏子の内面的な変化、いうなれば杏子の成長を後押しすることになるのである。

四作目の「道明寺ふたつ」では中林との結婚の話が進むことになるのだが、杏子のほうで違和感が拭え

---

[*]　なお、修三はしだいにおネエというよりも、ゲイとして語られるようになるのだが、ゲイとしての修三の特徴については、黒岩裕市『ゲイの可視化を読む——現代文学に描かれる〈性の多様性〉？』の第二章を参照してほしい。

ず、杏子は自分で考え、杏子から中林に別れを切り出すことになる。しかし、しばらくはへたってしまう。そしてその後、今度は杏子が修三を家に招き、修三に「たけのことぜんまいをふっくらと煮つけて鉢に盛ったもの」（④221）といった手の込んだものを作る。そこで、自らの決断で中林との関係に終止符を打った杏子に対して、杏子が振る舞った料理と重ね合わせるかのように、「アン子、立派だった。大人になったよ、ほんとに」（④223）と修三は杏子の成長を讃えるのである。

なお、この回の『クウネル』の特集は「おっ、いい器。」で、杏子の成長を特徴づける料理の「いやにしゃれた盛りつけ」（④221）とも対応している。

「愛しい風」にかき消されるもの

杏子と修三のシリーズは『クウネル』に連載された後、「コーヒーメーカー」と「山羊のいる草原」は単行本の『ざらざら』（2006年）に、「修三ちゃんの黒豆」と「道明寺ふたつ」は『パスタマシーンの幽霊』（2010年）に収録され、前者は「愛しい風が吹き抜ける短篇小説集」、後者は

「深々と心にしみる短篇小説集」という謳い文句とともに、『クウネル』の発行元のマガジンハウスから出版された。

「愛しい風が吹き抜ける」や「深々と心にしみる」というフレーズは収録作品全体に関わるものではあるが、本の広告や帯には「コーヒーメーカー」、「修三ちゃんの黒豆」からの引用が書き添えられているため、杏子と修三のシリーズが「愛しい風が吹き抜ける」「深々と心にしみる」といった短篇の代表格とみなされていることがうかがえる。もちろん、個々の読者はこうした謳い文句に従って作品を読むとは限らず、実際の作品の読まれ方はもっと多様なものなのだが、『ざらざら』も『パスタマシーンの幽霊』も『クウネル』のコンセプトにつながるような商品として販売され、消費されることが目論まれていたということは見て取れる。

ここで、杏子と修三のシリーズを改めて確認してみると、二人は「親友」ということになってはいるが、人生の達人である修三に対して、その食べ物の好みが示すように、杏子は「お子さま」のポジションを取るため、修三はメイクオーバー・メディアにおけるカリスマに近いものに

なる。一方で、カリスマであると同時に怪物であるようなおネエキャラの描かれ方と比較すると、修三には怪物的な側面はほとんど見られず、杏子の回復や成長を助ける達人の役割が際立つことになる。

　特に、「コーヒーメーカー」から「道明寺ふたつ」までは修三は杏子と二人だけの空間にのみ登場するため、おネエを取り巻く現実の社会構造とは切り離して、「愛しい風が吹き抜ける」世界としてパッケージすることは容易い。

　だがそれは少し見方を変えれば、「愛しい風」の中で、現実に吹きすさんでいるおネエへのフォビアがかき消され、見えなくされてしまうということであり、私たちはこの点を見落としてはいけない。

　そもそも、一見ネガティブには見えないようなものであるとしても、高度な能力が期待される人生の達人としてのおネエという位置づけ自体が、メイクオーバー・メディアのカリスマであり怪物であるおネエと同様に、おネエを特殊化するものである。ポジティブに受け止められがちな表現に潜むフォビアにも要注意なのだ。

◇ブックガイド

川上弘美『ざらざら』新潮文庫、2011 年。

クレア・マリィ『「おネエことば」論』青土社、2013 年。

黒岩裕市『ゲイの可視化を読む——現代文学に描かれる〈性の多様性〉？』晃洋書房、2016 年。

◇調べよう

1. 最近のテレビ番組や映画、ドラマ、小説の中で、おネエキャラが登場するものを探してみよう。

2. 1 で探したものの中で、おネエキャラがどのような役割を担っているのかを調べよう。

3. 2 で調べた役割を果たす際に、おネエことばはどのような効果を持っているだろうか？

◇考えよう

おネエキャラが活躍する日本は性的マイノリティに寛容な社会である、と言われることがある。本当にそうなのだろうか？　おネエキャラに期待される役割や、その描かれ方を再確認しつつ考えてみよう。

○○女子と○○男子
ステレオタイプの崩壊？

竹田志保

私は○○女子／○○男子ではない

　現在、**○○女子／○○男子**という表現は、あらゆるところに氾濫している呼称である。**○○**には何らかの趣味や職業、特性などが挿入され、それを好む、それを行う存在を、**女子／男子**という性別で分化しつつ特徴づける言葉である。この用法は現在かなり多様化していて、何にでもとりあえず女子／男子とつけることでキャッチーな装いを演出できるような、パターン化されたマーケティングの言葉となって久しい。その安易なパッケージの仕方のゆえに、この頃ではむしろ反感を感じる表現になりつつあるだろう。「私はただ○○が好きなだけ（しているだけ）なのに、そういうカテゴライズをされたくない」というのが最近の感覚なのではないだろうか。

　しかしただ短絡的な表現としていきなりこの言葉を葬る前に、その成り立ちを考えてみるのもいいだろう。そもそもこの表現はどのように

して始まったのだろうか。

なぜ女子／男子なのか

　この言葉の成り立ちには、いくつかの段階がある。まず注目すべきなのは、**女子／男子**という表現の登場である。

　もちろん**女子／男子**の言葉は、近年になってはじめてできたものではない。しかし現在のような意味での用法は 2000 年頃に成立したものである。従来も「女子トイレ」など、年齢にかかわらず使用される場合もあったが、基本的には「女の子（若年女性）」を指す言葉であった「女子」を、成人女性を指す言葉として使用することが始まったのである。これはまず**女子**の用法が先行して起こり、**男子**はその応用として使用されるようになっていった。

　このような意味での**女子**の用法の起源は、安野モヨコの『美人画報』（講談社『VOCE』連載、1998 年〜）

であると言われている。本作が連載されていた『VOCE』は20〜30代向けの化粧情報誌であるが、このなかで安野は**女子**や**女子力**の語を使いながら、女性が不断の努力によって美を獲得することを価値化している。

これと同時期の現象として、1999年に宝島社『Sweet』が、「28歳、一生"女の子"宣言！」のコピーと共に創刊された。「大人かわいい」という表現とも合わせて打ち出されたのは、**女子**と同じく、年齢を経ても**女の子**としての生き方やスタイルを楽しもうとする方向性である。これが2000年を越える頃には女子の用法に収斂していった。

エンパワメントとしての女子

女子は成人女性のあえての自称として共感を得るものとなっていった。それまで成人女性を指す言葉と言えば、「女性」や「婦人」といったものが中心で、それには歳相応に成熟し、立場に応じて落ち着きや洗練を獲得するべきであるという価値観が付随していた。**女子**の自称は、そうしたイメージから外れること、加齢をネガティブに捉えないこと、年齢でふるまいや格好を判断されることの拒否の意味があっただろう。

直接的な影響関係はやや薄いものの、これは欧米圏で90年代以降に見られた「ガーリー」、「ガール・パワー」とも重なる現象である。成人女性が子どもっぽいかわいらしさを求めることは、男性中心的な文化においてはしばしば否定的に見なされてきたが、女性たち自身がこれをポジティブなものとして再評価し、既存の**女らしさ**の枠にとらわれないようなスタイルを打ち出していった流れがあった。1998年から放送されて人気を博したドラマ「セックス・アンド・ザ・シティ」でも、ファッションの楽しみを謳歌する女性たちによる率直な**ガールズ・トーク**が支持された【9-1】。

ガールに対応する言葉としては、**少女**という語もあり得たが、この語は男性の性的対象化の手垢にまみれているし、可憐で儚げなイメージが

*　　米澤泉『「女子」の誕生』勁草書房、2014年。

**　　北村紗衣「波を読む——第四波フェミニズムと大衆文化」『現代思想』2020年3月。

コスモポリタン（カクテル）を飲みな
がら赤裸々なトークを繰り広げる
（トーク内容：自主規制）

9-1　ガールズ・トーク

ある。そこにはもっと強い言葉が必要だったのだろう。もちろん**女子**の語はもっぱら教育の場で採用された呼称であり、これも硬く古臭い言葉ではあった。あるいはこれに先立って、「女子高生（ギャル）」のブームがあったことも影響しているかもしれない。とにかく、その古風な印象をあえて横領して、新しいイメージを持つ自称として採用したのだった。

女子のあやうさ

女子は、年齢にとらわれない、既存の成人女性イメージから離れた新しいアイデンティティのかたちとして歓迎されたが、しかしこれはそもそも衰えない美や若さ、かわいらしさへの固執という、重なりつつも異なる方向性をはらむ言葉だった。

そのため女子の意味は、主に**女子力**のような、女性として持つべき性質を発揮すること、さらにそれを努力によって維持・向上させていく文脈のなかで使用されるようになっていく。

女子力の語は 2009 年の流行語大賞にノミネートされているが、この年は同時に「婚活」の語もエントリーしている。このとき**女子力**は男性に受ける「モテ」の指標になり、むしろ既存の女性役割を強化する方向性を持つようになっていった。そしてそれは男性社会で強いられたものとしての**女らしさ**ではなく、あくまで自ら楽しみ、努力して求めるものとしての意味を持つことで、新たな性規範として大きな意味を持つようになった。[*]いまや**女子力**は大学教育やキャリア形成においても重視されている。

現在、**女子**や**女子力**は、女らしい能力を発揮する女性や男性をおだて

*　　菊地夏野『日本のポストフェミニズム──「女子力」とネオリベラリズム』大月書店、2019 年

る言葉でもあるし、同時に揶揄する言葉でもある。

　男性とのマッチングを旨とする合コンとは異なる、女同士の語り合いの場として登場した「女子会」も、もはや単に居酒屋や旅行会社のプランの名称と化している。

そして〇〇女子

　この**女子**の用法を踏まえて登場する**〇〇女子／〇〇男子**は、女子／男子と対称的な言葉にはなっているが、その使われ方には少し差があるだろう。

　このパターンの早い用法としては2006年頃の「森ガール」があるが、これは若干意味合いが異なる。これは手編み風のニットや自然素材のナチュラルな服装を好む女性を指す言葉で、「森にいそう」というイメージから名付けられた呼称である。そしてそこから派生して2009年頃に登場したのが「山ガール」である。これは単に服装の好みを表すものでなく、トレッキングやハイキングなどの趣味を楽しむ女性を指す呼称である。

　同様のパターンの語としては、「歴女」などがある。広義には歴史に関心のある女性を指すが、歴史的な題材を扱うコンテンツを愛好する女性を指す言葉として注目されたものである。このブームには、アニメ化もされたゲーム『戦国BASARA』（2005年）で、キャラクター化された戦国武将に関心を持ち、そこから発展して美術館や史跡などの観光地を熱心に訪れる女性たちの存在があったと言われている。なかには「歴ドル（歴史アイドル）」として活躍するタレントもいる。「歴女」の語は2009年の流行語大賞トップテンに入っている。

　この用法の多くはそもそもその組織や集団の成員構成にジェンダー差が大きくあり、そのなかにおいて例外的、稀少な存在としての女性が発見されたときの呼称である。つまりは集団内で女性を有徴化する表現となっているのである。

　もちろんこのように名付けられる以前から、ジェンダーにふさわしい趣味や嗜好というのが暗黙に定められていても、好きなものや、やりたいことを追求したい女性たちはいた。女にはわからない男の世界、女には向かない職業…。この呼称にはまずはジェンダー化されたコミュニティにおいて排除されたり無視されたりしがちな存在を可視化する意義

があった。ステレオタイプにジェンダー化された趣味や職業に、**○○女子**は亀裂を入れるものだった。

　ただこのようにしてその存在を発見されることはすぐさまリスクにもなった。「女らしからぬ」くらいの視線は織り込み済みであったが、「女であることを利用して目立とうとしている」だとか「男の影響」だとか、「イケメン目当て」であるとか、本当にその○○をやる資格がない存在であると見做されたりもする。あげくになぜか求めてもいないのに勝手に指導されたりマウンティングされたりもしてしまう。

　特に構造的な女性差別のある社会において、女性が男性集団の中に参入することの困難は大きい。そうしたとき、その集団のなかで異質な存在は同じようには扱ってもらえず、やはり女性としてのふるまいを期待されることがある。集団に対して何らかのサービスや道化を示さなければ、その場に参加させてもらえない。「○○をする人」ではなく、あくまで「○○のなかの女子」として差異化されなければいけないのだ。

　また一定の存在として確認された後には類型化のスピードも早い。**○○女子**には男性愛好家とは異なるような着眼点が強調され（特にファッション性や、**かわいい**ことなど、美的な側面が目立つ）**女性ならでは**というジェンダー規範に基づいた消費のパターンとして、マーケティングの対象ともなっていった。

　リケジョの語は 2010 年頃に講談社が商標登録をしているが【9-2】、理系進学を志す女子学生を後押しする意図でつくられた言葉であると考えられている。

リケジョ
理系分野で活躍する女性の
ロールモデル
髪の長さなど「女性らしさ」
を表すものが必要

9-2　リケジョのイメージ

　「女性は数学が苦手」「女性に理系の仕事は向いていない」というのは古くからあるジェンダー・ステレオタイプである。このような偏見が強固にある社会では、ますます女子が理系進学を断念したり、あらかじめ不向きであると内面化して成長が阻害されたりする負の影響があること

も指摘されている。そこでリケジョとして、理系分野で活躍する女性のロールモデルを示すことが目指されたのである。

特に2014年頃、理化学研究所の研究員であった小保方晴子への注目によってリケジョはメディアを賑わす言葉となった。リケジョをもてはやす報道のなかで、彼女は実験室で割烹着を身につけ、巻き髪のフェミニンな女性として印象づけられた。やはりここでも女性らしさの強調は顕著であった。また、その後の研究不正の露見によって、リケジョはやはり二流の存在であるとして嘲笑される結果ともなった。

しかし2018年には複数の大学医学部入試において、女性の受験者にだけ不正な点数操作が行われていたことが明らかになった。医学部や医師として働く人の男女比率は、は「能力」や「特性」によって淘汰されたものだと信じられてきたが、決してそうではない。

〇〇男子の場合

一方、〇〇**男子**はどのような存在であるのだろうか。これも前史としては「メガネ男子」などの用法が2005年頃に確認できるが、これは一種のフェティッシュな対象を指す語である。

〇〇**男子**として、社会的インパクトのあった語は2006年頃の「草食（系）男子」であるだろう。この語は、深澤真紀が日経ビジネスオンラインで連載していた『U35男子マーケティング図鑑』（その後『平成男子図鑑—リスペクト男子としらふ男子』として単行本化。日経BP、2007年。）における使用がはじまりであるという。これは恋愛に消極的である、恋愛に関心がない男性を、特に最近の若者の傾向として指摘したものである。ここから派生して「肉食系女子」などの語も使用された。これも2009年の流行語大賞にトップテン入りしている。

この年には「弁当男子」もノミネートされているが、その他にも最近では「スイーツ男子」や「化粧男子」というような用法も確認できる。

男子の場合も、まずはやはり既存の**男らしさ**とは異なる趣味や志向をもつ存在が注目されているのだと言えよう。

このような異質さはやはりバッシングの対象ともなった。「草食男子」は「元気がない」、「だからモテない」「生産性がない」というような男ら

しさの文脈からネガティブに意味づけられたし、「化粧男子」などには「女性化している」とか、ときにはかなり強い否定の声が投げかけられることもある。

ただし男子の場合はその**○○コミュニティ**そのものへの参入よりも、その外側にある男性ホモソーシャルからの排除が強く現れるような非対称性があるといえるかもしれない。

料理やお菓子への関心を、**男らしくない**趣味としてクローズアップすることは、やはり料理は女性のするべきことと認識するステレオタイプに基づいたものであるが、女性の側からの評価はむしろ高い印象がある。化粧などについても、男性側からの拒否反応が強く窺えるようだ。ジェンダー規範から外れることの影響にもまた性差が作用している。

○○女子／○○男子の乱用

○○女子／○○男子が定型表現化した今日では、前述のような異質なものと組み合わせる意味は薄れて、単なる性別分類の指標である場合も多くなった。例えば「ユニクロ女子」「無印男子」というような単なる趣味やスタイルの上での男女区分とし

ての使用も目立つ。

むしろそこにわざわざ**女子／男子**の指標を加えることで、ただただ既存のジェンダー・ステレオタイプを誇張・再生産するだけの言葉にもなっていると言えよう。最近は、**ジェンダーレス女子／男子**という表現も目にするが、語義矛盾も甚だしい（本書第7章も参照）。

むしろ今日の用法について特に留意すべきであるのは「消費」を前景化することでジェンダーの問題が見えにくくなっているところである。

○○女子／○○男子のカテゴライズによって、その趣味をもつ者に与えられているのは、アイデンティティではなく、まずは消費の仕方である。どこに行って、何を買って、何を着て、何を食べるのが○○女子／

9-3　消費とジェンダー

男子なのだ、という呼びかけである。そこで繰り返される**女子／男子**はもはや意味ある記号としては意識されにくいものであるかもしれない。しかしそのようにパッケージ化された娯楽と消費の行動を通じて、知らず知らずのうちにそれぞれのジェンダーに沿ったふるまいを選びとらされている可能性がある【9-3】。

　何かをすることにジェンダー区分がつきまとい、余計な意味を付与されてしまう。ジェンダー区分によって何かをすることが阻害されたり、批判されたりもする。ジェンダー区分に応じて、特殊なふるまいをしなければならない。いつまでそのように有徴化（男性／女性の区別）されなければいけないのだろうか。

　○○女子／○○男子の言葉が生まれたことにはたしかに意味があった。しかし、今日ではその意味は見えにくくなっている。そうであればこそ、それがどのような意味で、誰に用いられているのか、どうしてそのような表現が必要なのか、そのことによってどんな効果があるのかについて、もっと意識的であるべきだろう。この言葉からは、わたしたちが無意識にもっているジェンダー・ステレオタイプや、バイアスが見えてくるはずだ。

◇**ブックガイド**

馬場伸彦、池田太臣編『「女子」の時代！』青弓社、2012年。

吉光正絵、池田太臣、西原麻里編『ポスト〈カワイイ〉の文化社会学——女子たちの「新たな楽しみ」を探る』ミネルヴァ書房、2017年。

クロード・スティール『ステレオタイプの科学——「社会の刷り込み」は成果にどう影響し、わたしたちは何ができるのか』英治出版、2020年

レイチェル・イグノトフスキー『世界を変えた50人の女性科学者たち』野中モモ訳、創元社、2018年。

◇**調べよう**

1. 「○○女子」「○○男子」として、他にどんな用語があるかを調べよう。

2. それぞれの「○○女子」「○○男子」の用語がどのように成立し、どのような意味で使われるようになったかを調べよう。

◇**聞いてみよう**

身近な人にインタビューしてみよう。

「○○女子／○○男子という表現を使いますか？」

「○○女子／○○男子という表現から

どんな印象を感じますか？」

◇**考えよう**
自分たちのジェンダー・ステレオタイ
プや、バイアスについて改めて考えて
みよう。

おもちゃのジェンダーバイアス

「女子ライフ」の闘い方
『女子的生活』を読む

黒岩裕市

「痛快ガールズ・ストーリー」のバトル

　2018年1月に放送され、話題になった『女子的生活』(NHK)というドラマがある。アパレルの会社に勤務し、都会での**女子ライフ**を謳歌するトランス女性の小川みきを主人公にしたドラマで、みきを演じた志尊淳にも注目が集まった。『女子的生活』は「ギャラクシー賞1月度月間賞」を、志尊は「第11回コンフィデンスアワード・ドラマ賞・主演男優賞」と「文化庁芸術祭　放送個人賞」を受賞した。

　志尊はインタビューで「本当は前髪を作った方が男性性が抑えられて、女の子らしく見える傾向にあ」るけれども、「みきは自分に自信があるので、あえてのセンター分け」にしたということや、「みきはトランスジェンダーですが、そのまえにひとりの女性」であるから、「男っ

ぽい声をわざと出せば笑いに繋がるのですが、みきの人間像を崩すようなことはしたくありませんでした」などと語っており、トランスジェンダーのステレオタイプ的な描かれ方には囚われないみきの姿を表現しようとしていたことがうかがえる(『女子的生活』新潮文庫)。こうした志尊の姿勢も高評価につながったのだろう。[*]

　本章では、ドラマの原作である坂木司の小説『女子的生活』(新潮社、2016年)を取り上げる。文庫版の裏表紙にも、「マウンティング、モラハラ、毒親。次々現れる強敵に、オリジナルな方法でタフに立ち向かうみき。読めば元気が湧いてくる痛快ガールズ・ストーリー」といった宣伝文句が記されているのだが、確かに第1話から第6話まで、みきと強敵たちとのバトルが展開する。

　本章で読み解いてみたいのは、みきの「痛快ガールズ・ストーリー」

---

[*]　ドラマとみきを演じた志尊淳に関しては、ブックガイドの鈴木みのりの論考を参照してほしい。

におけるバトル、「オリジナルな方法でタフに立ち向かう」とされるみきの闘い方である。まずは、みきという人物がどのようなキャラクターとして設定されているかということを概観することから始めよう。

なお、本章では「トランスジェンダー」という言葉を、『教養のためのセクシュアリティ・スタディーズ』に従い、「生まれたときに割り当てられた性別と異なる性自認やジェンダー表現を持つ人」という定義で用いる。「トランス女性」とは、割り当てられた性別が男性で、性自認やジェンダー表現が女性である人を指す。「トランスフォビア」とは、「トランスジェンダーや性別の越境に対する敵対的な態度や感情のこと」を意味する。また、「生まれたときに割り当てられた性別に違和感を持たない人」のことを「シスジェンダー」という。[*]

「楽しまなきゃ損」

物語は第1話でみきの高校時代

の同級生であった後藤という男性が金銭トラブルに見舞われ、東京で「優雅な女子ライフ」（p. 32）[**]を満喫していたみきのところに助けを求めに来たことから始まる。

後藤は女性として生活しているみきのことが最初わからなかったのだが、仕草からみきであることに気づき、混乱し、「コスプレ？　おかま？　じゃなくてニューハーフ？　ホモ？」といった「失礼な言葉」をみきに投げかける。それに対して、みきは「一番近いのは、女装。まだカラダはいじってないから」と答える。その返答を受け、後藤が「じゃあオンナのカッコしてるだけなの？」と問うと、「だけ、じゃないかなあ。私は女の子になりたいからね」と述べる。このみきの発言を受け、さらに「性同一性障害ってやつ？」と尋ねる後藤に、みきは「近いけど、違う。まあ一番近いのは、トランスジェンダー。最近だと性別違和とも言うけどね」と返す。

「おかま」「女装」「性同一性障害」といった（蔑称を含めた）いくつもの言葉が持ち出された結果、みきは

---

* 　『教養のためのセクシュアリティ・スタディーズ』p. 35, 36, 46。

** 　『女子的生活』からの引用は新潮文庫版により、頁数を本文中に記す。

ひとまず「トランスジェンダー」を自認しているということになるのだが（それゆえに本章ではみきのことを「トランス女性」と呼んでいる）、その「トランスジェンダー」についても「まあ一番近い」というとらえ方をしており、性をめぐる既存のさまざまな言葉とみきの性自認との間のズレがうかがえる（pp. 27~28）。

さらに、性的指向に関しては、みきは「私は女の子になって女の子とカップルになりたいの」「そう。心はレズビアン」（p. 28）と続け、後藤はいっそう混乱に陥ることになる。

みきの性自認と性的指向についてやや詳細にたどってきたが、みきという人物の設定として重要なポイントは、自身の性自認や性的指向について、悩んだ時期もあったが、それはすでに過去のことであり、現時点のみきは東京で**女子ライフ**を最大限楽しんでいるという点である。つまり、自身の性のあり方に悩み、苦しみ、そうした悩みや苦しみを乗り越えるトランスジェンダーの物語という、しばしば見かけるパターンには物語の現在のみきは合致しないのである。

第2話には、みきが「どういうジャンルにいるのかはわからない」

「この先どうやって生きていくのか、これっぽっちもわからない。お手本になる人もいない」と嘆いてみせる一節がある。しかし、みきはそのことを悲観したりはしない。それどころか、「わからないことしかない。でも、それなら楽しまなきゃ損」とむしろ肯定的にとらえるのである。この一節の直前には、みきが「常識や道徳を蹴り跳ばして、楽しむことに没頭する才能」こそが**女子力**なのではないかと女子力という言葉の意味を定義しなおしてみせる箇所もある。通常、女子力は、家事能力や外見、マナーや気配りを指すことが多いのだが、苦境を楽しむエネルギーに変えていくというパワーが、みきにとっての女子力なのである（pp. 84~85）。

「とりあえず現状で努力する」

そのようなみきの自己肯定のきっかけになったのが、高校時代に見た「海外ドラマやリアリティ・ショー」（p. 81）である。この海外ドラマはみきが抱く**女子**のイメージを形成するものである。みきは、「テレビの中の女の子は、大学生という設定だった。なのにお酒を飲み、煙草

を吸い、セックスをしていた。ケンカになれば相手を思いっきり罵り、腕力にまかせたバトルを繰り広げる。よく泣いて、よく笑って、よく食べて、それが、特別ではない女の子の物語として描かれていた」ということを強調し、その女性たちについて「なんて自由で、強くて、可愛いんだろう──」と感嘆する。もちろんここでは、「地方都市の片隅」で「学生服」を着ていて、「僕」という一人称を用いるしかなかった男子高校生時代のみきの不自由さが、ドラマの女性たちに理想を見出したというコンテクストを無視するわけにはいかないのだが、みきが女子に**強さ**や**自由**を見ていることがうかがえる一節である（p. 82）。

さらに、第5話には、男性の自殺率が高いことを踏まえて、「だって絶対、女の方が面白いもん」（p. 276）という一節もある。そして、「ゲームで言うなら、女子の人生はイベントが多くて敵も多くて、でも味方も多い。選択肢も多くて（服だってスカートとパンツと両方選べるしね）、道もたっくさん枝分かれしてて、なんか色々多彩」（pp. 276〜277）と続くのだが、選択肢の多さが面白さを生み出すのであり、だからこそ、的確な選択をするとい

うことがポイントになる。そして、それゆえに、「生まれ変われるなら、そりゃあもう女の子になりたい」のだけれども、「輪廻の先は見えないから、とりあえず現状で努力する」と「努力」とともに「現状」が肯定されることになるのである（p. 328）。

「とりあえず現状で努力する」という姿勢はみきの人物設定においては非常に重要である。みきが勤めているアパレルの会社は労働基準法も守っていないようなブラック企業であり、みきはそのことにも自覚的なのだが、「一般優良企業で私みたいなのを雇ってくれるとは思えないし」、「だってお金稼がないと生きてけないし。こういう格好できるのも、若いうちだけだろうし。そしたらそのどっちも揃ってるとこで、働けばいいじゃんと。とりあえず他の点は、目をつぶってればいいじゃん」（p. 57）と続ける（みきの発想はエイジズムとルッキズムが内面化されたものであるが、この点は第13章を参照）。

それどころか、「今は思いっきり不況で、会社が気にするのは性の指向よりも賃金と労働力。だから私は、ブラック企業が溢れてる今が大好き。ある意味、すごくフラットだ

なって気がする。あ、「平等」だとは思わないけどね」と差別の存在には十分に気づきながらも、「ブラック企業が溢れてる」現状を肯定するのである。そして、「本当は健康的な感じで差別されなくなるのがいいに決まってる」のだが、「それがかなりの確率で絵空事だってこともわかる」ため、「やり方次第でなんとかなる今って、結構いいんじゃないかなって思う」(pp. 63~64)という発想に至る。だからこそ、入社面接で「で、ついてるの？　胸は？」と面接官から興味本位で尋ねられても、我慢してやり過ごすのである(p. 57)。

2022年現在でも、就職や転職に際し、履歴書の性別欄や男女別の服装規定、面接における差別（まさにみきに投げかけられた言葉）に困難を感じるトランスジェンダーは多い。また、就職後もハラスメントや、トイレや更衣室等の男女別の設備や制度に直面するケースも少なくない。[*]このようにシスジェンダーを当然視し、そうすることでトランスジェンダーを排除する社会構造に対し、みきも「「平等」だとは思わない」

とは述べているわけだが、差別がなくなることは「かなりの確率で絵空事」だという諦めとともに、ある種戦略的に「現状」の苦境が肯定され、個人の「やり方」で状況をうまく切り抜けることで、その苦境の中に「居場所」(p. 180)が探求されることになるのである。

見抜く力と個人的なバトルのゲーム

さて、本章の冒頭でも言及したように、『女子的生活』のポイントはみきと他の登場人物とのバトルのゲームであり、そこでは読み合う力や見抜く力が重視される。しかも、時にはみきがトランス女性であるということもゲームの要素として用いられている。確かに、みきがトランス女性であることにただ驚くだけの人たちもいるのだが、基本的にはそうした人たちはみきのゲームの相手にはならない。

みきの見抜く力が発揮されるのは、第2話での合コンの場面である。合コン参加者のゆいという女性はみきに挑発されて、「ゆとりビッ

*　『教養のためのセクシュアリティ・スタディーズ』p. 49。

チ」（p. 76）とみきを罵るのだが、それに対して、みきは「ビッチじゃないの。だって私、男だから」と自らゆいに告げる。しかも、「ホンモノ？ それとも趣味？」と尋ねるゆいには、「ホントはホンモノだけど、こういうときは、ちょっとぼかして入る」といったテクニックまでも用いている（pp. 77~78）。ここではみきはゆいに性的な関心を持っており、ゆいの気を引くことが目的になっているため、みきがトランス女性であるということもそうした駆け引きの手段として活用されるのである。そして、その作戦がゆいには効果的だということをみきは見抜いており、実際に成功する。

一方で、みきが失敗することもある。第4話はみきの勤めるアパレル会社が新作のスカートの布地の柄を盗用してしまい、元々のデザインの作者である女性のところへみきが交渉に向かうという話である。その女性は支配的でモラルハラスメントを繰り返す母親と暮らしていた。みきはその女性に母親と距離を置くことをアドバイスするのだが、女性は別れ際に「男の方——なんですよね？」とみきに唐突に言う。そして、そのことを見抜いた女性は得意げな表情を浮かべ、「頑張って下さいね。

母世代の人間には、絶対に理解できないと思いますけど」と続け、みきは逆にその女性から励まされることになる。

こうした言動にみきは強く怒るのだが、その怒りはみき自身に向けられる。みきは「［みき自身のことを指して］自分に酔った上での忠告も最低だ。そしてそれをしてしまったのは、彼女をバカにして、見抜けなかったから」と述べ、あくまでも見抜くゲームに負けたことを悔しがるのである（pp. 225~227）。

この女性とのやり取りでも、みきは怒りを感じており、みき自身も「怒りを燃料にできるタイプ」（p. 276）だというのだが、そのみきの怒りはゲームの相手や自分自身、つまりは個人に向かうばかりで、トランスフォビアを生成する社会構造に向かうことはない。それどころか、みきの論理では、「とりあえず現状で努力する」という発想が示すように、トランスフォビアそのものは問題であると認識していても、そうした苦境があるからこそ、的確な選択のしがいがある、頑張ってゲームを楽しむことができるということになるのである。つまり、フォビアは温存されてしまうのだ。

女子と男子、そして、みきの荒野

みきの部屋に転がり込んだ後藤は**男子**の「テンプレ」（p. 100）の役割を担うことになる。例えば、第5話では後藤のテンプレ的な食の趣味（男子の保守的な食の嗜好）が、同僚のかおりの付き合いでみきが参加したタワーマンションでの合コンでのバトルの切り札として機能することになる。

ただし、後藤は一貫してテンプレ的な男子であるわけではない。みきと再会した際にもみきの仕草によってみきであることに気づき、また、みきの性自認や性的指向に最初は混乱するものの、次の日にはみきのあり方を受け入れることになる。「学習する男」（p. 236）と繰り返されるように、後藤は学習能力が高く、適応性も抜群で、みきが描く女子ライフの内実もかなり的確に把握することができる人物なのである。それはテンプレ的なシスジェンダー／ヘテロセクシュアル男子の範疇には収まらないものだろう。

第6話のクライマックスで後藤は何よりもみきが「理想の自分に向かって努力をしながら、毎日頑張ってる」（p. 351）ということを讃える。もっとも、後藤のそうした青春っぽさはみきをうんざりさせもするのだが（この点では学習不足！）、二人でコンビニに向かうところで物語が締めくくられていることが示すように、根本的に後藤はみきと噛み合っており、だからこそ最終的にはみきとともに**闘う**というポジションにつくのである。

このように後藤はテンプレ的な男子からはみ出るキャラクターなのだが、そうであるにもかかわらず、『女子的生活』にはテンプレ的な男子、女子という言い回しが頻出し、女子と男子の差異が強調されている。

そうした差異はコミカルなものであり、みきのバトルにも活用されるのだが、当のみきは女子ライフを謳歌しつつも、女子にも男子にも属していないということを繰り返す。「女子の押さえつけられ感と、男子の無意味な肯定感。どっちも不幸だし、でもどっちも幸せ。私には、縛ってもらえる安心も、そこまでの自信もない。目の前に広がるのは、茫漠とした荒野だ」といった一節もある。しかし、先ほども述べたように、荒野に一人でたたずんでいるという苦境は、みきに力を与える根源にもなる。ここでも「そこには、道がない。でも歩くしかない。そんな感じ」とみき自身へのエンパワーメントの契

機としてとらえられるのである（p. 159）。

　ここまで『女子的生活』のみきの女子ライフにおけるバトルをたどってきた。みきの闘い方とは、見抜く力によって的確な選択をしつつ、「現状で努力する」もので、みきに不平等や不都合をもたらす社会構造のトランスフォビアが根本的に問いなおされることはなく、社会構造の問題はゲームのメリットとして回収されてしまう。もちろん、現実のトランス女性が荒野を生きていくためにそうした闘い方を戦略的に行っているということはあるだろうし、そのことを本章で問題化したいのではない。そうではなく、『女子的生活』という作品の中で、そうした闘い方のみに光が当てられ、あくまでも個人のものとして限定されたバトルが、「読めば元気が湧いてくる痛快ガールズ・ストーリー」として持ち上げられ、消費されてしまうことが問題なのである。

　『女子的生活』は読者をエンパワーメントする作品であり、「読めば元気が湧いてくる」というのは確かにそのとおりである。だが、「元気が湧いてくる」のであればなおさら、その元気を生み出す仕掛けに目を凝らす必要があるのではないか。

トランスフォビアの現在

　本章の最後で、現在のトランスフォビアをめぐる状況についても述べたい。

　2018年7月にお茶の水女子大学が入学資格である「女子」を、従来の「戸籍上の性」ではなく、「戸籍または性自認が女子」とするということを発表し、大きなニュースになった。室伏きみ子学長（当時）は「多様性を包摂する社会への対応として当然のこと」と述べた[*]。しかし、この取り組みは同時に強い反発をも生み出した。インターネット上でトランス女性に対するあからさまなフォビアが繰り広げられるようになったのである。

　典型的なものは、トランス女性が女子トイレや女湯、女子更衣室を利用することで、性犯罪を目的とした男性がそこに入り込みやすくなるため、女性専用スペースからトランス

---

[*] 『朝日新聞』2018年7月11日。

女性を排除するべきだという主張
である。『女子的生活』でも第3話
でみきが女子トイレを利用すると
いうことに対して「ヘンタイ」（p.
121）と侮辱される場面があるのだ
が、そうした主張は、トランス女性
の実情を無視し、トランス女性を性
犯罪者に重ねるものである。しかも
Twitter ではこのようなトランス女
性の排除がフェミニストを名乗るア
カウントからも発せられた。これは
日本に限ることではなく、世界各地
で見られるものである。

　2022 年現在もトランス女性への
フォビアは日々増殖されている。一
方で、こうしたフォビアへの抵抗の
言葉も積み重ねられている。現在
のトランスフォビアをめぐる状況
やそれに対する抵抗については、
『女たちの 21 世紀』第 98 号やウ
ェブサイト TRANS INCLUSIVE
FEMINISM[*]に掲載された論考を参
照してほしい。

◇ブックガイド

坂木司『女子的生活』新潮文庫、2019 年。
鈴木みのり「ドラマ『女子的生活』が
描く「性別」というファンタジー　男
女のあわいを巧みに体現する志尊淳」
『wezzy』2018 年 1 月 26 日（https://
wezz-y.com/archives/51800）。
風間孝、河口和也、守如子、赤枝香奈
子『教養のためのセクシュアリティ・
スタディーズ』法律文化社、2018 年。

◇調べよう

1. 最近の映画やドラマ、小説の中で、
トランスジェンダーであるキャラク
ターが登場するものを探してみよ
う。

2. 1 で探した作品で、トランスジェン
ダーであるキャラクターはどのよう
な人物として描かれているかを調べ
よう。

3. 2 で調べた人物の描かれ方において、
シスジェンダーと性別二元論を前提
とした社会構造はどのような影響を
及ぼしているだろうか？

[*]　https://transinclusivefeminism.wordpress.com/link-japanese/

◇**考えよう**

本章では、差別や不平等を生み出す社
会構造の問題点を放置したまま、あく
までも個人の努力や選択によって現状
の中でサバイバルするというような発
想を再検討した。このような発想がな
ぜ問題なのだろうか？　改めて考えて
みよう。

（倍速ではなく）
じっくり作品を鑑賞しよう

死語になればいいのに！
イクメン

竹田志保

なぜイクメンは問題なのか

　子育てに積極的な父親は**イクメン**と呼ばれる。しかし現在、この言葉への拒否感もしばしば耳にするようになってきた。例えば、「イクメンを称することがアピールのように聞こえて嫌味である」とか、「大したことをしているわけでもないのに父親がやるだけで褒められたりしていることに苛立ちを感じる」という意見がある。あるいは父親当事者からも「別にイクメンなどと強調しなくても、父親が育児をするのは当然のこと」という声が上がっている。このように、母親と父親の双方が協力して育児に携わるべきであるという考え方は既に多数派のものになっている。

　しかし一方で相変わらずワンオペ育児で追い詰められる母親の悲鳴は絶えない。周囲から無造作に「やっぱりママじゃなくちゃね」などと言われることもある。また、育児に関わりたくてもなかなかそれができずにいる父親もいるだろう。ある人には可能でも、ある人にはいまだ難しい。だからまだイクメンという言葉をわざわざ持ち出さなければいけないのだ。

　これは単に個人の意識に働きかけるだけでは解決できない、構造的な問題でもある。「僕はできる」、「うちは大丈夫」に留まらずに、その問題の背景を考えてみる必要があるだろう。

イクメンのはじまり

　イクメンという言葉は、「育児」と「男性（men）」を結びつけた語であるが、これはもともと容姿の優れた男性、女性にモテる男性を指す語として90年代に流行していた「イケメン」を転用したもので、単に格好良いだけではない、より「良い男」としての価値（これからはイケメンでなくイクメンだ！）を持たせる狙いもある。

　このような男性の育児への注目は、まずは少子化対策のなかから始

まった。1990年の人口動態統計において合計特殊出生率が過去最低となったいわゆる「1.57ショック」以降、子育て支援の一環として育児休業などの制度が整備されてきた。具体的な施策としては母親支援が中心であったが、そのなかで父親との家事や育児の分担の必要性も意識されていくようになる。**イクメンブーム**に先立つ1999年、厚生省（当時）は人気ダンサーのSAMが乳児を抱くポスターを作成している。そこには「育児をしない男を、父とは呼ばない」というキャッチコピーが付され、男性も積極的に育児にコミットしていくことが推奨されている。

2000年以降の少子化対策には、男性の育児休暇取得率などの具体的数値目標が設定されるなど、男性の育児責任がより強調されていく。そして2010年に育児・介護休業法が改正・施行されるのに伴い、厚生労働省は「イクメン・プロジェクト」を立ち上げた。

「イクメンとは、子育てを楽しみ、自分自身も成長する男性のこと。または、将来そんな人生を送ろうと考えている男性のこと（「イクメン・プロジェクト」ウェブサイト）」と定義されている。それを受けて、2010年の「新語・流行語大賞」にはイクメンがトップ10入りし、翌年からは厚生労働省の後援で「イクメン・オブ・ザ・イヤー」が開催されるようになる（開催日の10月19日は「イクメンの日」とされている）。このようにして、イクメンは広く認知される言葉となっていったのだ。

イクメン以前

このようにわざわざ男性の育児を強調する必要が生じたのは、それまでの育児において、主たる責任を担うのはもっぱら母親であったからだ。

しかし、そのような「母親が家で子どもを育てて家事をし、父親は会社に行って働く」という家族モデルが登場したのはあくまで**近代**以降のことである。近代化による産業構造の転換は家族のあり方を変化させた。[*]前近代の社会においては、農業に代表される第一次産業が中心で、その場合には労働の場と家族の

---

[*] 落合恵美子『近代家族とフェミニズム』勁草書房、1989年。

生活の場はほぼ一体のものとしてあった。その場合には、結婚後の女性も家業に従事することは少なくなかった。同時に家事や育児も必ずしも母親だけの役割ではなかった。

だが大規模な機械や資本を必要とする第二次産業が中心化していった近代社会では、労働の場である公共領域と、生活の場である家内領域の分離が起こる。そこで労働は会社や工場などの外部に置かれ、家庭は休息と慰安の場になっていく。そこで男性は公的領域での仕事に従事し、女性は家庭内の妻・母役割に徹するべきという**性別役割分業**が浸透していったのである。

近代においては女性には**良妻賢母**の規範が奨励され、特に**母役割**こそが女性の特性であり本質であるとみなされるようになっていった。**母性愛**の言説が登場したのもその頃のことである。

また、日本においてこのような家族モデルが主流化したのは1950年代、いわゆる高度成長期以降の時代である。サラリーマンの夫が稼ぎ頭となり、妻は専業主婦、子供が2人程度という家族が標準モデルとして想定され、専業主婦の**アンペイド・ワーク**に支えられてあることを前提とするかたちで企業の雇用と社会保障の制度も整えられていくことになった。

現在はそのような家族モデルが多数派ではなくなって久しい。長引く不況で雇用や収入は不安定になり、男性一人が稼ぎ頭となって一家を支えることは難しくなっている。しかし、共働き家庭、妻もフルタイム勤務をしているような場合であっても、育児の負担は妻の側に大きく偏る傾向にある。

例えば末子が6歳未満の夫婦の場合で、母親が育児をする時間は1日当たり3時間45分であるのに対して、父親は49分という調査がある（平成28年社会生活基本調査【11-1】）。

このような不均衡には、一筋縄では行かないさまざまな要因が複合的に作用している。まずは現状の男女の収入差を考慮して、父親の側が中心に労働を担った方が総合的な判断として有利であるということがある。その結果、父親のほうが労働時間が長くなって、子育てに充てる時間が短くなる。

さらには近代家族を標準モデルと

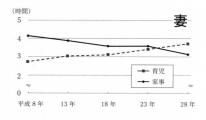
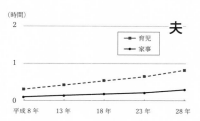

11-1　厚生労働省「平成28年度社会生活基本調査」より

した性別役割分業の意識がいまだ強固であること、育児には母親が最も適していると考える**母性愛**を絶対化する価値観、それと裏表になった**男らしさ**の規範も影響している。そのような価値観は、育休や産休の制度があったとしても、父親の側が利用することに抵抗を生じさせもする。

　厚生労働省の「令和元年度雇用等基本調査」によると、女性の育児休暇取得率が83.0％であるのに対して、男性の育児休暇取得率は7.48％である。取得率は年々上昇しているが、一方で育児休業の取得希望がありながら利用しなかった男性も少なくない。その理由は「会社で育児休業制度が整備されていなかったか

ら」（23.4％）、「収入を減らしたくなかったから」（22.6％）、「職場が育児休業制度を取得しづらい雰囲気だったから」（21.8％）とされている（三菱UFGリサーチ＆コンサルティング「平成30年度仕事と育児の両立に関する実態把握のための調査」）。

　イクメンは奨励されてはいるが、いまだ制度としても意識としても十分に行き届いてはいないというのが現実である。

メディアに登場するイクメン

　2000年以降は、メディアにも家庭的側面をアピールするイクメン芸

能人が登場しており、テレビや雑誌の特集が見られるようになる。テレビCMなどに登場する父親像にも変化が窺えるようになってきた。

　例えば近年「炎上CM」*として話題になったものに2012年の味の素の企業CM「日本のお母さん」というものがあった。CMでは2人の子どものために食事の支度をし、送り迎えをしたりしながら、働く母親像が描かれる。このCMには父親も数カット登場しているが、ぼんやりと影が薄く、一見するとシングルマザーの家庭と見紛うほどに存在感がない。

　あるいは2017年のユニ・チャームのおむつのCM「はじめて子育てするママへ贈る歌。」では、子育てに苦しみながらも前向きに頑張ろうと決意する母親像が描かれた。この母親は誰からの助けも得られず、育児ノイローゼのような状態にあることが窺えるが、このCMにおいても父親は出産の場面と病院に向かうタクシーのなかで瞬間的に存在が確認できる程度で、育児への関与の様子はほとんど見えない。

　どちらのCMも基本的には「頑張る母親を応援する」意図で制作されたものであろうが、育児や家事を担うべき主体は母親であるということが自明の前提とされてしまっている。その上で母親への負荷が高いことを美談とすることで現状追認するようなメッセージになっているのだ。

　最近では、こうした母親と育児・家事の結びつきを強調せず。父親の自然な参加を描くCMが増えているだろう。2015年のサッポロ一番のCMシリーズでは、残業で遅く帰ってきた母親を、父親と息子が鍋の支度をしながら迎える場面が描かれた。

　2014年からのパナソニックのCMでも、最新家電を駆使して料理や洗濯を見事にこなす父親像を提示している。ただし本CMの家庭はおそらくかなり経済的余裕のある富裕層であるように見えるし、西島秀俊が演じる父親像は、あまりにも完璧に理想化されている。CMは一種の公共性をもつ媒体でもあるため、時代を先取りした進歩的価値観を提示することにも一定の意義はあるといえるが、多くの人々の実態とは乖

*　　瀬地山角『炎上CMでよみとくジェンダー論』光文社新書、2020年。

離したイメージでしかないということには留意が必要だろう。

物語に登場するイクメン

あるいは、小説やドラマ、映画などにもイクメンが描かれている。

2004年のドラマ「アットホーム・ダッド」では、阿部寛演じる男性が、会社の倒産を期に専業主夫となって、家事と育児に奮闘する様が描かれた。

2013年に制作されカンヌ国際映画祭審査員賞を受賞したことで話題になった「そして父になる」（是枝裕和監督）は、いわゆるイクメン像とは異なるものの、子供の取り違えをきっかけに、「父親とは何か」ということの意味を考え直す物語として注目された。

小説の分野では、川端裕人『ふにゅう』（2004年、新潮社。2008年の文庫化に際して「おとうさんといっしょ」と改題）、堀江敏幸『なずな』（2011年、集英社）などで父親の子育てが描かれている。

多くの場合が、会社の倒産やリス

トラ、あるいは母親の病気や死など、イレギュラーなトラブルによって男性が主に育児や家事を担う立場にならざるを得なくなるということが物語の発端になっている。フィクションとしてそのようなドラマチックな展開が必要であるという事情もあるだろうが、何らかの非常事態を設定しなければ男性の育児や家事を描けないということにも、すでに問題の一端が窺えよう。

ここでは奥田英朗『家日和』（2007年、集英社）に収録された「ここが青山」（『小説すばる』2006年2月）の例を参照してみよう。

本作では突然の会社倒産で職を失った男性が、仕事に復帰した妻と立場を入れ替えるように、家事と育児を担うようになることが描かれる。

この物語では、主人公は家事や育児を担うことに抵抗がなく、むしろそれをこなすことに喜びも覚えていく。なかには古い価値観に固執して主人公を憐れむように見てくる人物も登場するが、本人は男の沽券にこだわることもなく、「おれって家にいるほうが向いてるかも」（p. 83）[*]というフレキシブルな考え方で新し

[*]　「ここが青山」からの引用は集英社文庫版に拠り、頁数を本文中に記した。

い生活に順応していく。性別役割にとらわれない新しい家族の形を描いた小説と見える。

しかしこの小説は、一方で過分にファンタジーでもある。例えば一時期完全に専業主婦となっていた女性が、いきなり職場に望まれて復帰して一家の稼ぎ頭を担うことが現実的に可能なのか。ここに描かれる家事や育児は、失敗しても家族にはあたたかく褒められ、それもまたたく間に効率性を獲得して上達し（父親の料理が母親のものよりも息子に支持される描写もある）、達成感に満ちている。そんなことが可能なのか。そもそも「三十六歳で年収六百万円は、まあ普通」（p. 51）などと言い放つことのできる経済的余裕がある家庭であるからこその話ではないのか。

またこの主人公はあくまで会社の倒産で離職しただけであって、本人の能力や評価が毀損されることはない。彼には新しい仕事のオファーもあって、いつでもそれを選択可能な状態にある。結婚や出産によって女性の側が仕事を断念することとは随分背景が違うし、そのような男女の非対称性、構造的差別の問題がこの小説からは排除さているからこそ、夫と妻の立場の入れ替えはごく単純でスムーズなものとして成立してい

る。

この小説の中に登場するベッドシーンで、妻の側に主導権をもたせて「下のほうがいいかも」（p. 70）と快感を覚える場面がある。夜も妻の立場になったつもりなのだろうが、全く悪い冗談だとしか言いようがない。そんな簡単な話ではないのである。

イクメンを終わらせるために

2020 年、新型コロナウイルス感染拡大に伴って、「コロナ離婚」という言葉が話題となった。実数は定かではないものの、在宅勤務を余儀なくされ、夫婦がともに長時間家庭内で過ごすことで、これまで看過されていたような相互の価値観の違いが浮き彫りになったのだと言えよう。とりわけ問題になったのは、夫婦がともに在宅勤務であっても、夫の側がほとんど育児や家事をしないことであった。子どもたちの休校・休園なども重なって、通常時よりも育児の負担は増加したが、その調整や責任の主体はやはり妻の側に偏っている。通常時とコロナ禍で仕事と家庭の両立ストレスを比較した調査においても、女性の側に多く増加が

認められるという。*

　このように問題が顕在化したいまこそ、改めて父親の育児や家事への参加を考えてみる必要がある。近年少しずつ意識の変化が見られるようにはなってきたものの、構造的な問題はいまだ解決に至っておらず、さらなる取り組みが求められるところである。父親の育児を当たり前のものにするためには、例えば国や企業が共同して、母親も父親も働きやすい環境や制度を整えていく必要がある。これは産休や育休の制度のさらなる拡充、保育所などの増設といった育児支援だけでなく、出産前後の女性が働きやすい雇用や労働の環境づくり、もう一方では企業戦士として過酷な労働を強いられる男性の働き方を見直し、**ワーク・ライフ・バランス**を達成できるような取り組みが必要であるということである。

　また子育て当事者だけに限らず、社会全体が、性別役割の固定観念から脱却していくような意識改革も求められる。そしてさらには、シングルや同性カップルの子育てについても、もっと見直しがされていくべきだろう。

◇**ブックガイド**

工藤保則、西川知亨、山田容編『〈オトコの育児〉の社会学——家族をめぐる喜びととまどい』ミネルヴァ書房、2016年。

巽真理子『イクメンじゃない「父親の子育て」——現代日本における父親の男らしさと〈ケアとしての子育て〉』晃洋書房、2018年。

◇**調べよう**

1. 企業には子育て支援のためにどんな制度があるかを調べよう。
2. 行政には子育て支援のためにどんな制度があるか調べよう。
3. 上記のような制度の利用実態はどの程度かを調べよう。

◇**聞いてみよう**

身近な人にインタビューしてみよう。
「男性の子育てについてどう思いますか？」
「自分が子育てするとしたら、パートナーにどんな役割を期待しますか？」

---

*　品田知美「母親とはどういう存在なのか——返礼なきケアの贈り手たち」『群像』76(4)、2021年。

◇考えよう

これからの子育て環境を良くしていく
ために何が必要であるか、考えてみよ
う。

ガラスの天井
『わたし、定時で帰ります。』に見る
女性労働の現在

倉田容子

明治時代のベストセラー小説である徳冨蘆花『不如帰』（1898~1899年）を授業で扱った際、受講生から、「昔の女性は大変だったんですね。私は現代に生まれて本当に良かったと思います」という感想が寄せられた。たしかに戦前に比べて、現代の女性は多くの自由を持っている。戸主（家長）を家族の統率者とする明治民法と違い、現在の民法は財産や相続に関する女性差別はなく、父や夫の横暴に耐える法的理由はない。また、1922年に治安警察法が一部改正されるまで、女性は政治演説会への参加さえも禁じられていたが、1945年以降、男性と同じ参政権を獲得した。

第二次世界大戦後、多くの国で法的な男女平等が達成された。もはや女性が、今わの際に「ああ辛い！ 辛い！ もう――もう婦人（おんな）なんぞに――生まれはしませんよ」[*]と嘆く時代は終わりを告げた――のだろうか？ 本当に？

たしかに法的な男女平等は達成された。地域や分野によっては未だ不均衡が残っているものの、世界的に見て就学率や就業率における男女格差も縮小傾向にある。もしあなたが人文学か教育学、あるいは看護学を専攻する学生であれば、同級生は男子よりも女子のほうが多いのではないだろうか。また、あなたがアルバイトをしているファストフード店では、従業員の男女比は差がないか、パートタイム労働者を含めれば女性のほうが多いかもしれない。

しかし、国家や組織の意思決定に関わる役職に就いている女性は、どれだけいるだろうか。2021年5月

---

[*] 『不如帰』の主人公・浪子の有名なセリフ。岩波文庫版、2012年、p. 282

現在、衆議院議員に占める女性の割合は 9.9％、参議院議員に占める女性の割合は 23.0％である（内閣府『男女共同参画白書　令和 3 年版』参照）。2021 年に世界経済フォーラムが発表したジェンダー・ギャップ指数は 156 か国中 120 位、政治分野の順位がとくに低い。国会は国民の代表機関である。国会に女性が少ないということは、それが国家の構成員の約半数にあたる女性を十分に代表していないこと、すなわち国家の意思決定に女性の声が反映されにくいことを意味する。国会議員に限らず、女性首長の割合、地方議会に占める女性議員の割合、政府上級管理職に占める女性の割合、女性裁判官の割合など、いずれも日本は低い水準に留まっている。

　男女の格差が残っているのは政治分野だけではない。経済分野においても、常用労働者 100 人超の企業の役職者に占める女性の割合や、上場企業の役員に占める女性の割合は極めて低く、その傾向は上位の役職ほど顕著になる。就業率の男女差は縮小しつつあるものの、依然として女性リーダーの存在は極めて稀であるということだ。

　このように組織内において女性やその他のマイノリティ・グループに属する人が要職に付けない状態、または彼女ら／彼らの昇進を阻む目に見えない壁を指して、**ガラスの天井**と言う。女性の就学率や就業率は上がり、一見すると男女平等は既に達成されたかのように見える。しかし、政治分野でも経済分野でも、指導的地位につく女性の割合は極めて低く、私たちは未だに分厚いガラスの天井の下を生きている。

　明治から変わらぬガラスの天井の本質を知る手がかりとして、明治時代の自由民権運動末期、自由党の激化事件の一つである大阪事件（1885 年）に紅一点として参加した女壮士・景山英子（後の福田英子）の例を見てみたい。

　自叙伝『妾の半生涯』（民友社、1904 年）のなかで、英子はこんなエピソードを綴っている。英子は憂国の情に突き動かされて運動に参加し、活動資金を得るため奔走したが、同志の男たちは金ができれば登楼し、芸娼妓とどんちゃん騒ぎに興じた。そんな時、英子はこんなことを考えたという。「斯る時には、妾はいつも一人りぼつちにて、宿屋の一室に端座し、過去を思ひ、現在を慮りて、深き憂ひに沈み、婦女の身の最とゞ果敢なきを感じて、つまらぬ愚痴に同志を恨むの念も起りたり

12-1 英子近影。『妾の半生涯』より

し」。* 登楼した男たちの多くは後に帝国議会で活躍する議員となる。一方、英子は同志の一人である大井憲太郎と内縁関係になり、そのスキャンダルによって女壮士の名声を失った。

英子の悲劇は、明治時代と現代の日本が驚くほど変わっていないことを私たちに教えてくれる。都合の良い時だけ**女性**という属性を利用して担ぎ出すが、真の**仲間**として認めることはなく、男同士の絆からは排除する。ひとたび性的スキャンダルが起これば女性ばかりが叩かれ、男性は「浮気は男の甲斐性」などと擁護

されて活躍を続ける。こうした構図は、令和を生きる私たちにとっても見慣れたものである。「一人りぼっち」で「婦女の身の最とゞ果敢なき」をかこつ英子の嘆きは、決して過去のものではないのだ。

『わたし、定時で帰ります。』

なぜ女性はトップに上り詰めることができないのだろうか。ガラスの天井を生み出す構造的要因について、OECD 編著／濱田久美子訳『図表でみる男女格差　OECD ジェンダー白書 2──今なお蔓延る不平等に終止符を！』（明石書店、2018 年）には、次のように記されている。「女性のキャリア全体を通した構造的・制度的支援の欠如が、女性の上級職への昇進を妨げる深刻な障壁であることが明らかになっている。他の障壁には、社会・文化規範、指導層からの不十分な支援、女性に不利に働く女性の行動に関する思い込み、職業上の人脈不足のほかに、責任説明と適切なモニタリング制度の欠如がある」（p. 201）。

---

*　『福田英子集』不二出版、1998 年、p. 32

このようなガラスの天井の具体相を、民間企業を舞台として描き出した小説に朱野帰子『わたし、定時で帰ります。』シリーズがある。第一作『わたし、定時で帰ります。』（以下、第一作）は『yom yom』で2016年8月から翌年8月まで連載、第二作『わたし、定時で帰ります。ハイパー』（以下、『ハイパー』）は同誌に2018年12月から翌年4月まで連載、第三作『わたし、定時で帰ります。ライジング』（以下、『ライジング』）は電子版の同誌に2020年6月から翌年1月まで連載された。2019年にはTBSテレビにて吉高由里子主演でドラマ化された人気のお仕事小説だ。この小説を通して、ガラスの天井の諸問題を見ていこう。

主人公は、定時で帰ることをポリシーとする会社員の東山結衣。結衣が勤務するネットヒーローズ株式会社は、企業のデジタル方面におけるマーケティング支援やコンサルタントを主な業務とする企業だ。連載開始当初、ヒラのディレクターだった結衣は、『ハイパー』では元婚約者の種田晃太郎（『ハイパー』末尾で再び婚約者となる）の代理でマネージャー（管理職）へと昇格し、将来的にはさらなる出世が見込まれている。

シリーズ中、ガラスの天井が最初に描かれるのは、第一作での結衣の先輩・賤ヶ岳八重のエピソードにおいてである。双子を出産した賤ヶ岳は、産休を労働基準法の定める最短の六週間のみ取得して職場にスピード復帰した。ネットヒーローズ初の女性役員を目指して、「残業、徹夜、全部オッケー。これがワーキングマザーの新しいスタンダードですよ。後輩たちも後に続け！」（新潮文庫版、2019年、p. 98）とがむしゃらに働く賤ヶ岳に、「女性躍進プロジェクト」担当の執行役員の男性・丸杉は、こんな言葉をかける。「ほら、今は女性役員がいないと遅れてる、みたいな空気あるじゃない？　探してたんだよね、モデルケースに良さそうな女性。でも独身女はだいたい難ありだし、かといって子供を産んだらろくに働かなくなるでしょ。そ

12-2　『わたし、定時で帰ります。』
　　　　第一作（新潮文庫）

こへいくと君は理想的！ 女でありながら男にほとんど劣っていない」（pp. 82~83）。この言葉を聞いて、平成生まれの新入社員・来栖は、「あれが、伝説の男尊女卑思想ってやつですか」（p. 83）と鼻白む。女性の活躍を阻む要因を知ろうともせず、女性を本質的に劣った存在と見なし、旧態依然たるジェンダー規範を押し付け、その上広告塔として都合よく利用しようとする丸杉の言葉は、来栖の言うとおり男尊女卑思想に他ならない。しかし、賤ケ岳は丸杉に「そのプロジェクト素敵です」（同前）とすり寄ってみせる。

丸杉の言葉の差別性に気づきながら、なぜ賤ケ岳は迎合するのか。賤ケ岳は言う。「私の敵は男だけじゃないんだよ。中途で入った三谷佳菜子さん。産休入る前に挨拶行ったらさ、子供産んでも絶対休まないでくださいね、なんて言うの。産休が明けたら、六週間も休んですみませんって、お菓子配って謝罪に回るべきだって言われたよ」（p. 85）。丸杉や三谷の発言には、さきほど引用したガラスの天井のすべての要素が盛り込まれている。構造的・制度的支援の欠如、社会・文化規範、指導層からの不十分な支援、女性の行動に関する思い込み、そして人脈不足。『わ

たし、定時で帰ります。』は、現代社会におけるガラスの天井のあり様を、残酷なほど明快に描き出す。

定時退社は万能薬か？

この状況を打開するには、どうすれば良いのか。答えを出すことは容易ではない。賤ケ岳は、私生活を犠牲にして仕事に邁進する昭和のモーレツサラリーマンを模倣することでガラスの天井を打ち破ろうとした。しかし、このような打開策は『わたし、定時で帰ります。』では否定される。結衣は「家庭を大事にしても仕事はできるってこと、一緒に証明していきましょう」（p. 112）と賤ケ岳を説得し、熱を出した双子のために彼女を家に帰すことに成功した。

たしかに、育休中の夫に双子のワンオペ育児を強いる賤ケ岳の働き方は、男女の役割を反転しただけの性別役割分業の再生産である。内助の功を前提とした長時間労働が見直されるべきであることや、誰もが過酷な労働環境や不当な処遇に苦しむことなく安心して働ける環境をつくる必要があることは、疑い得ない。

だが、家庭に帰ることで、賤ケ岳が直面する問題は解決したのだろう

か。女性だけでなく男性も「家庭を大事にしても仕事はできるってこと」を証明しようとしない限り、「女性の上級職への昇進を妨げる深刻な障壁」はなくならない。男性社員が相変わらずの長時間労働を続けているならば、賤ヶ岳が時短勤務を選んだところで、単に**躍進**を断念した女性が一人増えたに過ぎない。役員という目標を捨てたわけではないが、『ハイパー』では賤ヶ岳は結衣の下でチーフを務めており、目標達成は少し遠のいたように見える。タイトルともなっている結衣のポリシーは、賤ヶ岳を苦しめる構造的困難を打開する糸口を示してはくれない。

危うい「働き方改革」

　女性の昇進を阻む障壁が取り除かれないだけでなく、定時退社という結衣のポリシーは、危うい方向に利用されかねない危険性を孕んでいる。ガラスの天井からは少し話が逸れるが、根本的には通底する問題を内包しているため、見ておきたい。
　その危険性とは、結衣のポリシーが、より過酷な労働環境を生み出すための体の良いコンセプトになりかねないということだ。結衣の言う定

時退社とは、労働者の生産性を向上させ、労働時間を短縮することを意味する。労働者のワーク・ライフ・バランスの改善に繋がれば良いが、業務の絶対量が減らない限り、かえって労働者に無理を強いる標語にもなりかねない。結衣は新人研修でチーフ役を務めた際、作業に制限時間を設け、個人の生産性を可視化することを試みた（第一作）。しかし、この試みは部下役の同期たちから、「個人の生産性を――仕事のできるできないを数字ではっきり示され、しかも皆の前で露にされることが恥ずかしい」（p. 179）と拒絶される。結衣のポリシーは、労働者に過酷な競争を強いる生産性至上主義と表裏一体なのだ。
　生産性を最重視する考え方は、経済的価値と直接的に結びつかない営みを見えにくくする。生産性のみを追求する限り、育児や介護のケア要員となりがちな女性や、他者のケアを必要とする者にとって、働きにくい社会は変わらないだろう。
　『ハイパー』および『ライジング』では、生産性の可視化と向上という方針の危うさが、より具体的に再提示される。結衣は「定時で帰る管理職」として広告塔となり、さらなる出世が期待されているが、一方、役

員たちはネットヒーローズの就業形態を創業当時の裁量労働制に戻そうと動き出す。裁量労働制とは、業務遂行の手段や方法、時間配分等を労働者個人の裁量に任せ、労働時間を実労働時間ではなく、労使で予め定めた時間働いたものとみなす制度である。うまく機能すれば労働者にとっても働き方の自由度が上がるというメリットがあるが、現実には、実質的なサービス残業の増大に繋がるなど使用者側にのみメリットがある場合も少なくない。

　裁量労働制の危険性は、『ハイパー』において、取引先のフォース株式会社で既に起きている問題として描かれる。フォースは「常時臨戦態勢」（p.20）を掲げ、社員は「我々に、仕事とプライベートの区切りはないんです。食事は社内の食堂で三食食べられますし、眠くなったら地下にある酸素マシーンで仮眠しますし」（p.34）と語る。裁量労働制の「みなし労働時間」（実労働時間にかかわらず、労使で予め定めた時間）の概念が悪用され、労働力の無制限の搾取となっている典型的な例と言えるだろう。

　また、仮に業務量が減り、労働時間が短くなったとしても、基本給が不十分であれば労働者は困窮する。

『ライジング』では、結衣の部下たちが生活費を稼ぐために意図的に残業をする**生活残業**という形で、この問題が描かれる。小説では結衣の奮闘と社長の灰原の手腕によりこの問題は解決へと向かうが、現実には解決困難な場合も少なくない。

12-3 『わたし、定時で帰ります。
ハイパー』（新潮社）

「定時で帰る管理職」を広告塔としつつ、実態は過重労働と低賃金のブラック企業となりかねない危うさを、ネットヒーローズは孕んでいる。定時退社は、様々な問題を一気に解決する万能薬ではない。それが賤ヶ岳のように出世を望む女性や、生活のために残業せざるを得ない若手社員にとっても真に有意義なものとなるためには、男女を問わず持続可能な働き方を是とする価値観の確

立や、労働者が人間らしい生活を維持するための労働条件の整備が大前提となる。その前提が存在しない限り、結衣のポリシーは、男女格差を温存したままの生産性至上主義に陥りかねない危険性を内包している。

ガラスの天井に話を戻そう。『わたし、定時で帰ります。』には賤ヶ岳のケースのような制度的な障壁に加え、女性に対するより生々しいフォビア（ミソジニー／女性嫌悪）と結託したガラスの天井のあり様も描かれている。

『ハイパー』においてコンペで結衣たちと競合するベイシック株式会社は、女性管理職を形だけコンペに参加させ、プレゼンは男性社員が行い、若い女性を**接待要員**として参加させるという戦略で契約を勝ち取ろうとする。ここでは、女性を管理職と性的搾取の対象とに分断しつつ、前者を**お飾り**に据え置くという、表向きは**多様性**を演出した今日的な女性差別のあり様が描かれている。多様性の演出と性的搾取は同時進行する場合もある。『ライジング』で結衣はビジネス誌の取材を受けるが、

その際、人事部から「深いネイビーのスーツにミント色のとろみのあるブラウス、大きな楕円のシルバーピアス」（『yom yom』2020.8.）を用意される。「とろみのあるブラウス」や大ぶりのピアスが、管理職としての業務や能力と無関係の女性性を強調するものであることは明らかだろう。

性とは関係のない場面において、本人の意思を無視して女性をセクシュアライズ（性化）し、客体として扱うまなざしは、それ自体、女性差別である。ガラスの天井は社会制度だけでなく、こうしたまなざしとも密接に絡み合っている。お飾りとするにせよ**接待要員**とするにせよ、そこには女性を独立した人格の持ち主とは認めず、男性の視線の対象として客体化する、根深いミソジニーが潜んでいる。さらに『ハイパー』には、性的搾取に耐えられず転職した接待要員の女性社員が、元上司にインターネットで誹謗中傷されるエピソードが描かれる。紅一点の女壮士として祭り上げられながら、性的スキャンダルによって石もて追われる如く「政治」の場から排除された景山英子の姿が、女性登場人物一人一人にオーバーラップする。

新たなる意匠を纏った、しかし内

実は明治時代と変わらぬミソジニーの中心にいるのが、主人公の結衣である。結衣は、晃太郎をはじめ、社長の灰原やゼネラルマネージャーの石黒といった有能な男性たちに常に背後から守られ、自らは出世を望んでいなかったにもかかわらずお膳立てされて出世の階段を上りはじめる。結衣の内面に寄り添う語り手は、彼女の主体的な葛藤や格闘の様を読者に伝える。だが、そうした語りから一歩離れて物語を眺めれば、結衣はガラスの靴を履かされてガラスの天井の向こう側へと招き入れられる、特権的なプリンセスのようにも見える。その特権性もまた、女性の客体化と表裏一体のものだ。

「働き方改革」は新たな搾取へと容易に反転する。ガラスの天井は分厚く、突破した思ってもお飾りという新たな落とし穴がある。出世の階段を上り詰めるには、物語の特権的なヒロインとなる幸運を掴むしかない（現実には極めて困難だろう）。なんと苦しい状況だろうか。

具体的な打開策

嘆いていても始まらない。一足飛びにガラスの天井を粉砕することはできないが、風穴を開けるための打開策は、現実社会において既に模索されている。

例えば、議員や管理職の一定の人数や比率を女性に割り当てる「クオータ制」は、諸外国で既に成果を生んでいる。「クオータ制」は、人種差別や性差別など歴史的に形成されてきた差別を解消するための積極的差別是正措置（アファーマティブ・アクション）の一つであり、組織の構成員の比率のバランスを取るための手法である。超人的な努力や偶然的な幸運によってガラスの天井を突破するごく少数の女性がいても、それは例外に過ぎない。ガラスの天井そのものをなくすには、数の力が重要な意味を持つ。もちろん、こうした手法を有効に機能させるためには、支援制度の確立や、お飾りの管理職や接待要員といったスティグマから女性を解放する具体的な方途を、個別に模索していくことも重要だろう。

景山英子を「一人りぽつち」にしないためには、どうすればいいのか。その問いは、私たち一人一人の生きやすさへと繋がっている。

◇**ブックガイド**

治部れんげ『「男女格差後進国」の衝撃
──無意識のジェンダー・バイアスを
克服する』小学館新書、2020 年。

辻村みよ子『ポジティヴ・アクション
──「法による平等」の技法』岩波新書、
2011 年。

三浦まり編『日本の女性議員──どう
すれば増えるのか』朝日選書、2016 年。

◇**調べよう**

1. 身近な教育機関における女性教員
   の割合を調べてみよう。
2. 教育機関におけるポジティヴ・ア
   クションの事例について調べてみ
   よう。

◇**考えよう**

ガラスの天井を打ち破るためには何が
必要か、考えてみよう。

第 3 部

エゴフォビア
Ego-Phobia

年齢を重ねることと装うこと
美魔女と BBA

井原あや

はじめに

　大学に入って様々な授業を受ける中で、社会にはいろいろな**規範＝当たり前**があること、そうした規範が知らないうちに自分の内面にもあって、物事を判断する時の基準になってしまっていることを知ったという人は多いだろう。

　わかりやすい例で言えば、数年前に様々なブランドが発信したジェンダーレス・ファッションがある。ファッションは周囲に自分を示す記号でもあるし、自分という人間を表現するものであるので、自分が望む装いができればよいのだが、そこには服装に対する**規範**があって、性差に伴った装いというものが一般的とされた。ジェンダーレス・ファッションとは、そうした性差の規範を越えたり、境界を曖昧にすることを示したものと言える。

　そしてその影響を受けたファッションは受けとめる個人によってもちろん異なるだろうが、いまも広く流通している。こうしたファッションの話はあくまで一つの例に過ぎないが、規範を越えていくことの意義や、解放されることによって得られるものがあるのだということが理解できるだろう。

　本章では、このように規範を越えていくのは意義のあること、という点を踏まえつつ、**美魔女**と**BBA**について考えてみたい。周知の通り、この二つの語はいずれも女性を指す言葉ではあるが、具体的には、これらの言葉や概念がどのように語られ、どのようなイメージを持つものなのか、その背景とともに考えることで、女性の身体や外見を判断する時、判断する者が内側に抱え込んだものに目を凝らしてみたい。

---

*　一柳廣孝、久米依子、内藤千珠子、吉田司雄編『文化のなかのテクスト——カルチュラル・リーディングへの招待』双文社出版、2005 年、pp. 70~73 参照。

まずは、美魔女という言葉がいつ頃誕生したのか、そしてその意味や定義についても確認してみよう。美魔女とは、次のように定義される。

40代女性を中心に「美魔女」が話題となっている。「まるで魔法を使っているかのように、年齢を感じさせない美しさを保っている女性」を指す言葉で、美魔女を紹介する雑誌やテレビも目にする。（略）「美魔女」が初めて世に出たのは08年11月。40代向け女性誌「STORY」の別冊として発行された「美STORY」誌上である。仕掛け人は山本由樹編集長(48)。「ニッポンの40代はもっともっと美しくなる」をキャッチフレーズに、美しさを保つために必要なのは衣食住ならぬ「美・食・習」つまり美容法、食事、習慣であると提案。年齢を感じさせない外見と、経験に裏打ちされた内面の美しさ、美しく在り続けようとする努力を兼ね備えた女性を「美魔女」と名づ

けた。[*]

このように、美魔女は**「内面の美しさ」**も含んでいたはずが、その後、この言葉が流通するにしたがって当初の目論見とは別の方向に進んでいった。詩人で社会学者の水無田気流も美魔女について「この言葉には、「年齢を無効化する魔法を使っているのではないかと思われるほどの美しさを保つ、大人の女性」という含意があった」[**]と指摘する通り、特にその外見が美しくあること、実年齢と外見との差に注目が集まったのである。

そして、その言葉のインパクトと、新たな消費者の発見でもあった美魔女という言葉は、一つの雑誌の誌面から大きく羽ばたき、2012年には「ユーキャン新語・流行語大賞」にノミネートされるほど、ブームになったのである。

こうした美魔女という言葉や存在が誕生し、流通した背景の一つには、ドラマ『セックス・アンド・ザ・シティ』(HBO、1998~2004年)の影響も大きいだろう。ニューヨー

* 小松やしほ「特集ワイド　だから「美魔女」は笑う」『毎日新聞』2010年12月14日、夕刊2面。

** 水無田気流「女の選択　「自然体」に見せるのも大変」『経済界』2019年6月、p. 96。

クを舞台に、恋や仕事に邁進し、悩みや病気も共に分かち合う 30 代から 40 代の女性 4 人の赤裸々な日常と友情を描いたこのドラマは、当時日本でもドラマの登場人物と同世代の女性を中心に大いに受け、女性ファッション誌でもその装いや生き方が取り上げられ、多くのファンを生み出した。さらに、ドラマ終了後も 2008 年と 2010 年に映画が公開されるなど盛り上がりを見せたのである。

　いわゆる青春時代を越えたところで困難に直面し、くじけそうになっても手を取り合い、ファッションを愛して前を向いて歩いていく女性像は、日本のメディアにも大きな風穴を開けただろう。

　先述の通り、美魔女という言葉を生み出したのは雑誌『STORY』（光文社）の別冊であった「美STORY」だったが、その後、2009 年 10 月号から別冊ではなく独立した雑誌『美STORY』として創刊されることになる。この創刊号の目次を確認してみると、「大特集「何にもしてないのよ、ホントに」という言葉にだまされてはいけません　美

女には、必ずナイショがある！」というタイトルのもと、美容医療や美容方法が示されていたり、「みんなで楽しくキレイになれる！進化したコスメカウンターでメーク Up パーティ♪」など、40 代女性がいかに**美**に向き合うかが示されている。

　さらに 2010 年には、現在まで続く「国民的美魔女コンテスト」が開催され、2011 年 10 月号から雑誌名を『美ST』に変更した。この誌名については、「美にベストを尽くす人の、美ST！　美というステージで輝く人の、美ST！　美というストーリィを生きる人の、美ＳＴ！若さに頼れなくなってからが「女磨き」の本番。さらに美しい 40 代が街に増えますように！！」[*] と先行する雑誌『STORY』との関連以外の意味合いも含まれるようになり、美に向き合う様々な人へ向けたメッセージを含んだものとなる。

　もう一つ、BBA とは、もともとインターネットで使われていた言葉で、「ババア」をアルファベットで表したものである。インターネットから広まった言葉／スラングだけに、なかには美魔女よりも BBA と

---

[*]　無署名「MAIL BOX」『美ST』2011 年 10 月、p. 221。

いう言葉の方がよく知っていると
いう人もいるだろう。BBAが指し
示す年齢が何歳くらいなのか、それ
はこの言葉を使う側によるのだろう
が、肯定的意味合いで使われている
わけではないことがわかるはずだ。

さらにこのBBAは、インターネ
ットのみならず、例えば「乾燥シー
ズン到来。顔とボディの「カサ
カサ」「ケバケバ」「ゴワゴワ」を
吹き飛ばせ！　STOP！冬のお肌の
BBA化」（『non-no』2017年1月、p.
150）といったように、女子大学生
を主要読者とするファッション雑誌
などでも使われるようになった。

こうして改めて見返してみると、
美魔女もBBAも若い女性ではな
く、ある程度の年齢を重ねた女性
の、その外見や年齢に対して用いら
れる言葉だと言えよう。

次に、美魔女とBBAを別の視点
から検討してみたい。なぜならこの
二つの言葉には、女性を巡る複雑な
規範が関係しているからである。

ルッキズム

美魔女とBBAは、いずれも対象
となる女性を見た際に、その外見に
対して用いられる言葉でもある。つ
まり**見る／見られる**という関係のな
かで意味を作り上げていく。

美魔女が『美ST』誌上のみなら
ずメディアのなかで注目され始めた
2011年、作家の林真理子は美魔女
が流行する背景として「美容技術の
進化で、この種の努力に終わりがな
くなった」ことと合わせて「男性の
せいもある」[*]と指摘している。いわ
く「この国の男は徹底的に、若くて
未完成な女が好きだから」（同前）と。

つまり、女性の場合、年齢を重ね
たからこそ得られる安定感よりも、
男性たちから見られる側として若く
美しくあることが求められているの
である。元来、女性は見られる側に
置かれてきた。こうした女性たちと
見る／見られるという関係性につい
ては、社会学者の西倉実季が「見る
側の視線が張りめぐらされた磁場の
なかで、高く値踏みされた女性とそ
うでない女性との間に分断が持ち込
まれ、否応なしに女性の序列化に組

---

[*]　安部美香子「時にあらがう〝美魔女〟」『朝日新聞』2011年10月25日、朝刊、30面。

み入れられる」*と指摘するように、女性を分断し序列化するものである。このように外見に基づく差別や偏見をルッキズムといい、そこには見る／見られるという関係が深く根付いている（なお、本章のキーワードが美魔女と BBA であるため、女性を中心とした議論としているが、ルッキズムは男性身体にも該当する）。

先に挙げた林の指摘は日本の男性たちを例にしたものであったが、女性が若く美しくあることを求められ、常に見られる側に立たされることについては、日本のみならず他国でも根付いている。例えば、数年前、アメリカのハリウッドに端を発した「#MeToo」運動も、見られる側にある女性たちが発した痛切な声と言えよう。

とらわれ続ける身体と自己管理

ここまで、見られる側としての女性という面を確認してきたが、一方で女性自身の視線が身体を管理していくという点にも注意したい。

現代の日本社会とポストフェミニズムについて論じた菊地夏野は、現代女性の主体化と女性雑誌の関係についてイギリスのロザリンド・ギルの分析を紹介し、次のように指摘する。

女性は、一見客体に見えるようなやり方で自己を表現する、積極的で、欲望をもった性的主体として描かれるようになった。そして、それは男性の視線によって外的に評価されるのではなく、女性自身の視線によって自己愛的に自己検閲されることも従来から変わった大きな点である。（略）女性雑誌は、身体の形、サイズ、筋肉から服装、性的行為、キャリア、人間関係、家庭、財産形成までを、日常的・継続的な自己監視が必要な「問題」として位置づける。同時に、これらの監視の努力は女性自身が「楽しく、わがままに、夢中になるもの」でなければならないとされる。**

つまり現代社会において、女性は

* 西倉実季「外見が「能力」となる社会——ルッキズムと倫理」『現代思想』2019 年 9 月、p. 177。
** 菊地夏野『日本のポストフェミニズム——「女子力」とネオリベラリズム』大月書店、2019 年、p. 76。

13-1　束縛される身体

見られる側のみならず自らを管理し、監視する視線、常に向上させようと隈なく自らを見つめる視線をも自らに張り巡らせていくことになったのである。こうした言説は、本章においては美魔女に該当するように思えるだろうが、美魔女だけが特別かというとそうではない。例えば、数年前に雑誌等でよく使われていた**大人カワイイ**も同様だろう。美魔女と大人カワイイを並べてみると、大人の女性たちに美かカワイイか、の選択肢以外は用意されていないように見えるし、女性の身体が女性の視線によってとらわれ続けていることがわかる【13-1】。

　つまり、誰かに見られる、**判断されること**に加えて、**見られている**と

考え自己管理を徹底していくようになるのだ。このように現代社会においては、他者と自己の両方の視線によって自らが規定されていくのである。もちろん、こうした自己管理は自分を演出するための楽しみであると考えられる人は良いが、それに居心地の悪さを感じる人も当然いるし、過度に自己評価を低くする人もいるだろう。さらに、そうした規定なり考え方を自分以外の人に強要するようになってしまったら問題である。

BBAを逆手に、そして変容する美魔女

　ここまで美魔女とBBAという言葉が含み持つイメージを追ってきたが、この言葉は、誕生した時から今まで全く変化していないわけではない。BBAと呼ばれることを逆手にとって年齢を重ねることの格好良さや、「新しいBBA」になることを提唱した本も出版された。[*]同様に美魔女についても、この言葉を作った『美ST』が2017年には「もう、「若

＊　　地曳いく子、槇村さとる『ババア上等！　大人のおしゃれ DO! & DON'T!』集英社文庫、2019年、pp. 172~177。

く見えればいい」時代は終わりました！[*]というメッセージを表紙に載せ、翌 2018 年 10 月号に同誌に掲載された「第 9 回国民的美魔女コンテスト」の記事には「とにかくみんなが自然体」「今年の美魔女はもう頑張りすぎない[**]」という見出しが付けられている。

ネガティブなイメージが付与されていた BBA という言葉を逆手にとって、年齢を重ねることで得られる「新し」さがあると捉えられるようになったこと、そして、若く見えることだけに価値を見出そうとしない美魔女の姿も、創刊当初からずいぶん変容した。

振り返ってみれば、若さだけが美ではない、若さ＝美のみが判断基準ではないという考えは、『美 ST』の創刊号（当時は『美 STORY』）からうたわれていたのである。美容ジャーナリストでエッセイストの齋藤薫は創刊号に「世界でいちばん美しいのは、無垢で無知な若さじゃない。（略）そもそもが〝若さ＝美しさ〟と唱えることへの嘆きがそこ（「白

雪姫」の継母：引用者注）に描かれたのではないか[***]」と綴っている。

しかし、美魔女という言葉のインパクトゆえだろうか、雑誌が掲げた思想よりも、魔法を使っているかのように若く美しい、という面のみが人々の間を独り歩きして美魔女という言葉が喚起させるイメージを作り上げたのだろう。

ともあれ、美魔女も BBA も、その言葉が持っていたイメージを別の方向へ変えつつあると言える。

メディアと女性表象

このように、美魔女という言葉を生み出した雑誌自体は、方向性を変えているものの、メディア全体に目を向けるとどうだろうか。

メディアのなかの美魔女という言葉は、雑誌が打ち出したイメージとは大きくズレて、若々しい女性という枠を越え、時に「男を性的に翻弄する（年上の）女」という意味合いを含んで事件やゴシップあるいは性

* 『美 ST』2017 年 1 月。

** 『美 ST』2018 年 10 月、pp. 158~159。

*** 齋藤薫「「白雪姫」の重い呪縛から今、まさに解き放たれる時」『美 STORY』2009 年 10 月、p. 30。

的な記事に用いられる場合もある。これは雑誌、インターネットどちらにも当てはまる傾向と言えよう。

　こうしたメディアにおける本来の意味とは異なる美魔女の語られ方は、性的魅力で男性を誘う**悪女**と、包容力のある聖母的な女性の**聖女**の二種類に分けてイメージ付けていく、メディアのなかによくある女性表象の形である。*これはステレオタイプな女性像に過ぎないが、美魔女という言葉が、本来この用語を作った雑誌の意図や、その言葉のもとに集う読者たちの憧れとは全く別の形で、メディアの中を流通しているのである。**

エイジズム

　最後に、エイジズムについても述べておきたい。エイジズムとは年齢による偏見や差別をさす。例えば、高齢者への差別や偏見が、エイジズ

ムのわかりやすい例になるが、本章で取り上げた BBA や美魔女を巡る否定的言説も、年齢と外見で判断しようとしている点において、エイジズムにも関係しているだろう。

　このエイジズムの背景には「特定の年齢集団に許される社会的に構築された期待やガイドライン」***である年齢規範がある。ここで本章の冒頭に戻ってみよう。そもそも、規範から逸脱したり境界を揺るがしたりすることは、現代社会において意義があることのはずである。にもかかわらず、「メディアと女性表象」で説明したように、例えば美魔女という言葉にしてみても、雑誌や読者の目指したイメージとは異なる意味合いをもってメディアに流通し、揶揄を含んだ視線で語られることもある。

　ここまで、美魔女や BBA について、その言葉の成り立ちから流通の仕方、ルッキズムの背景にある女性たちに向けられた見られることの圧力、そして現代社会において女性た

---

*　　神奈川大学人文学研究所編、笠間千浪責任編集『〈悪女〉と〈良女〉の身体表象』青弓社、2012 年参照。

**　　なお「メディアと女性表象」については、美魔女を批判する言説の背後にある規範を分析した谷本奈穂「複雑化する美の呪縛——ある批判言説を読み解く」(『情報研究』42 号、2015 年 2 月) も参照。

***　　マーゴ・デメッロ『ボディ・スタディーズ——性、人種、階級、エイジング、健康／病の身体学への招待』田中洋美監訳、晃洋書房、2017 年、p. 47。

13-2　判断される対象

ちが自己管理に追い込まれ、商品化した身体に向き合う様を見て来た。さらに、BBA という言葉を逆手にとる言説も生まれ、美魔女自体も時代の流れとともに変容している状況にあるものの、一方で本来の用いられ方とは異なる性的な意味合いを含んだメディアの中のよくある女性表象として流通していることについても確認した。こうしてみると、実に複雑な中に女性を表す言葉が置かれていることがわかる。私たちは、こうした社会にどう向き合っていけばよいだろうか。

　外見や年齢で人を判断したり、優劣をつけてはいけない、というごく基本的なことを思い返すことが、この複雑な状況に向き合うには必要だろう。人の生き方は様々で、答えは一つではないことを理解していくことが求められている。

　本章では美魔女と BBA について考えたが、外見や年齢で女性なり男

性なりを判断する人は、自分も判断される対象であることを忘れてはならない【13-2】。

　特に、今のように残念ながらルッキズムやエイジズムが社会に根強くあるうちは、自分もいずれ判断される側にまわる可能性もある。そうしたことを少しでも取り除いていくには、どうしたらよいだろうか。自分のための装いとして楽しむのならばともかく、それを人に当て嵌めないこと、外見や年齢が全てではないということ、ごく当たり前のようでいて達成できない現状にある、この一言に尽きるように思う。

◇ブックガイド

マーゴ・デメッロ『ボディ・スタディーズ――性、人種、階級、エイジング、健康／病の身体学への招待』田中洋美監訳、兼子歩、齋藤圭介、竹﨑一真、平野邦輔訳、晃洋書房、2017 年。
稲原美苗、川崎唯史、中澤瞳、宮原優編『フェミニスト現象学入門――経験から「普通」を問い直す』ナカニシヤ出版、2020 年。
『現代思想』「特集　ルッキズムを考える」49 巻 13 号、2021 年 11 月。

◇**調べよう**

美魔女やBBAが雑誌の中でどのよう
に書かれているか調べてみよう。

◇**聞いてみよう**

1. 「美魔女やBBAという言葉からど
   のような人を思い描きますか?」
2. 「どうしてそのように思い描いたの
   ですか?」
3. 「こうあるべきだという規範を越え
   ていくことについて、どのように
   思いますか?」

◇**考えよう**

1. 外見で判断すること／判断される
   ことについて考えてみよう。
2. 年齢で判断すること／判断される
   ことについて考えてみよう。

14

お告げがほしい！
現代日本のパワースポットと信仰心

高山陽子

無宗教？

　自己愛は強すぎるとナルシシズムにつながるし、弱すぎるとエゴフォビアにつながる。どうやったらちょうどよい自己肯定感を持つことができるのか？これは、とりわけ現代人にとっての大きな課題であろう。

　森博嗣は『つぶやきのクリーム』（講談社文庫、2012年）の中で「人の弱みにつけ込む最たるものとは、神である」と皮肉を述べている。何となく不安を感じたとき、昔の人々は宗教に頼ってきた。しかし、戦後の日本では非宗教化が進み、「自分は無宗教」という人も多い。

　とはいうものの、何かにすがりたいという気持ちがなくなるわけではない。そこで登場するのが、パワースポットやおみくじ、占いである。

　かつて聖地や霊場、霊山と呼ばれた場所が現在ではパワースポットと呼ばれている。例えば、明治神宮や東京大神宮、高尾山薬王院、伊勢神宮などである。せっかくならば、パワーが強いところへ行こうと考え、インターネットで検索して実際に願いが叶ったという意見の多い場所を選ぶ。超自然的なものにパワーを感じるというのは十分に宗教的な見方である。

　また、学生に聞いてみると、「自分は無宗教」といいながらも、毎年初詣に出かけ、おみくじを引くといい、ファッション誌の占いのページをチェックするのをやめられないという。

　このようなパワースポットやおみくじ、占いへの様々な態度から、現代人のあいまいな宗教観が垣間見られる。それでは、現代人の信仰心とは何なのだろうか？　どのようにエゴフォビアを向き合っていけばよいのだろうか？　この章では、戦後日本の神社の移り変わりからパワースポットと占いについて考えてみたい。

伊勢神宮の移り変わり

　パワースポットとして必ず取り上

げられるのが「お伊勢さん」こと、三重県の伊勢神宮である。伊勢神宮は、女神アマテラスを祀る内宮とトヨウケビメを祀る外宮、その他多数の社から成る。

　日本神話によると、アマテラスの父はイザナギ、母はイザナミで、ツクヨミとスサノオという弟がいる。スサノオの子孫がオオクニヌシ、いわゆる大黒様であり、出雲大社に祀られている。アマテラスの子孫であるニニギが三種の神器（鏡・剣・玉）を持って地上に降りてきたことを天孫降臨という。ニニギの子孫であるカムヤマトイワレビコが初代天皇の神武天皇とされる。

　このように、戦前の国家神道では、アマテラスは皇室の祖先である皇祖神とされていたため、伊勢神宮は戦前のすべての神社のトップに君臨していた。1930 年代、皇室尊崇・敬神崇祖の念を養うという目的から伊勢を訪れる修学旅行生が増加し、伊勢参拝の拠点となる山田駅前には多くの旅館が立ち並んでいた。

　しかし、1945 年 7 月の空襲で大部分の旅館が焼失し、戦後の民主化のプロセスで国家神道が廃止され、伊勢参拝も衰退の一途をたどった。

　1973 年の式年遷宮（社殿の建替え）を機に参拝者数は増えていった

が、劇的な増加とまではいかなかった。上昇し始めるのは 1993 年、おかげ横丁の完成以後である【14-1】。伊勢神宮内宮前の横丁の開発を主導したのは、創業 1707 年という老舗の和菓子屋・赤福である。

14-1　おかげ横丁

　赤福は、140 億円をかけて広さ 6700 平方メートルの通りにツガ材を用いて伊勢うどんの店や茶屋、土産物屋など店を改築した。この改築に合わせて、おかげ横丁の参道もアスファルトから石畳に敷き替え、電柱も撤去された。来客者数が伸びるにつれて空店舗がなくなり、にぎやかな通りとなっていった。2003 年には江戸・明治の和雑貨を扱う店が開店した。

　それでも 20 年の一度の式年遷宮（社殿の建替え）の年を除くと、伊勢神宮の年間参拝者数は 500 万か

ら600万人台であった。2007年に700万人を超えた参拝者はさらに増加し、2010年代には800万人に達した。2013年の式年遷宮の年には1000万人を記録した。伊勢神宮の参拝者数が増加し始めた時期とパワースポット・ブーム到来は同じであり、2007年、伊勢の旅館組合は「伊勢パワースポットご朱印めぐり」というキャンペーンを開始した。その後、伊勢神宮の参拝者は右肩上がりとなっている。

和モダンな装いをする神社

1980年代からスピリチュアルな場所をパワースポットと呼ぶことはあったが、メディアに頻繁に登場するようになったのは2000年代半ばである。この時期、お笑い芸人の島田秀平が様々な占いを始めた。また、2005年の『AERA』には「彼も仕事もパワスポ頼み——「聖地巡礼」する私たち」という記事が掲載され、若い女性の間でパワースポットが一種のブームであることを世間に認識させた。

パワースポットとメディアは切り離せない。毎年のようにメディアによって新しいパワースポットが見つ

け出される。2015年、行列のできる神社となった熱海の來宮神社は創建710年と伝えられる。樹齢2000年の時を超えるとされる大クスの木があり、幹を一周すると寿命が1年延びるとか、願いが叶うといった伝承を持つ【14-2】。

14-2　來宮神社の大クス

來宮神社に多くの参拝者が訪れるようになったきっかけは、2014年に参集殿が完成し、そこに報鼓というカフェがオープンしたことである。ここでは來宮神社に因む麦こがしを使った麦こがしソフトクリームなどの来福スイーツが供される。2000年代に登場した和カフェの神社版の神社カフェの一つである。

東京の築地本願寺のカフェ・ド・シンランは神社カフェの先駆けとなった。これは、雑誌『ソトコト』が2007年に「仏の教えはロハス」というテーマに基づき期間限定で運

営したものである。環境への配慮から、カフェでは食材はすべて無農薬・減農薬野菜などの国産食材を提供した。

ランチは1日限定60食の本格インドカレーのみであったが、時代に適合した**和モダン**なカフェは若い世代に好評であった。2017年には境内内にブックストアやカフェを含むインフォメーションセンターが誕生した。

また、二宮金次郎を祀る報徳二宮神社にも2015年、きんじろうカフェ【14-3】とcafe小田原柑橘クラブがオープンした。ここでも、カフェ・ド・シンランと同様に地産地消にこだわり、地元の食材を用いた和菓子やおでんなどを提供している。神社カフェ定番の日本茶のほか、和カフェ定番のカプチーノもメニューに含まれる。メニューや看板には手書き風フォントが用いられている。

和モダン化する神社

和カフェや神社カフェ、和雑貨における和モダンとは単なる懐古趣味的なものを指すのではない。和モダンとは近代西洋的なものを取り入れつつ、日本伝統のモチーフを用いて、さらに戦前の国家神道のイメージを消去したものである。

報徳二宮神社のおみくじにも登場する二宮金次郎【14-4】とは、江戸末期の篤農家、二宮尊徳の幼少期を指す。小田原藩に生まれた尊徳は貧しいながらも勉学に励む。成人したのちは藩の財政再建に尽力し、その成果が称えられ、多くの弟子を持つにいたる。明治期には尊徳の教えを広める大日本報徳社が作られ、さらには修身教科書にも掲載されるほどの模範人物とされた。教科書の挿絵をもとにして作られたのが「負薪読書」（薪を背負って読書する）とい

14-3　きんじろうカフェ

14-4　報徳二宮神社おみくじ

う像である。尊徳（金次郎）の像は全国の小学校に置かれた。戦後、尊徳（金次郎）の国家主義的であるとして撤去されたが、近年では再び設置されるケースもある。

きんじろうカフェやおみくじの金次郎は、全体的に丸みを帯びており、国家神道的なイメージは感じられない。

現代日本の神社では、和モダンなものは様々な場面で見られる。戦前の神々と言えば、眉も髭もくっきりのマッチョなヤマトタケルやイザナギなどであったが、和モダンの色合いを帯びた神々は丸みを帯びた柔らかい形態を持つ。お守りも、朱色や群青色ではなく、ピンクや水色のパステルカラーのものが多い。特に恋愛パワースポットとして紹介される神社で売られるお守りにはパステルピンクが目立つ。

「東京のお伊勢さん」と呼ばれる飯田橋の東京大神宮は、大正天皇が皇太子時代にここで神前結婚式を挙げたことから、後に縁結びの神社となった。2000年代後半、「恋愛パワースポット」としてメディアで頻繁に紹介されると、若い女性が次々と訪れ、恋みくじを引き、縁結びのお守りを買うようになった。その理由について東京大神宮の祢宜は、何か

よりどころを求めたいからではないか、と述べている。

東京大神宮は約40種類あるお守りの半分を、縁結びや恋愛成就に関するものとしている。そのモチーフには、鈴や鍵などが用いられる。夏にはうちわに夏の風物詩を描くイベントや、キャンドルワークショップなどがある。参加者は女性が多く、イベントの後には祢宜が参拝作法のミニ講座を開いている。

「若い女性に大人気！」というフレーズはパワースポット紹介の決まり文句である。しかし、実際のところ若い女性だけが神社を訪れているわけではない。確かに女性の姿は目立つものの、若い男女のグループや家族連れ、年配の夫婦もかなり多く見られる。このように、国家神道的な宗教色を薄め、和モダン性を加えた神社が、とりわけ都市住民にとってのパワースポットとして消費されているのである。

近代化の中の神社

都市の宗教は様々な形で現代的な消費にあわせて姿を変えている。「○○めぐり」は、例えば「銀座八丁神社めぐり」、「羽田七福いなりめ

ぐり」、「東京の七福神めぐり」のように常に刷新されている。

　これらは、特定の神社を巡って、その参拝記念として朱印を押してもらうという手軽な聖地巡礼である。東京の場合、多くの稲荷神社【14-5】が含まれるが、その理由は「伊勢屋、稲荷に犬の糞」江戸の名物と言われたように昔から多くの稲荷神社が存在したためである。

14-5　武蔵野稲荷大社

　一般的に稲荷神社は京都の伏見稲荷大社を総本社とする。伏見稲荷は、長さ400メートルにもなる千本鳥居が有名である。これらの朱色の鳥居は主に明治以降に奉納されたものである。

　稲荷とはもともと五穀豊穣をつかさどる神であるが、近世になると商売繁盛や厄除け、出世をつかさどる神と見なされるようになった。こう

した都市生活に密着した性格を持ったことが稲荷信仰の流行の理由として挙げられる。

　近代になると東京の寺社は、以下の5つの出来事を通して数を減らしていく。

　　(1) 1868年の神仏分離令とその
　　　　後の廃仏毀釈運動
　　(2) 1906年の神社合祀令による
　　　　神社の統廃合
　　(3) 1923年の関東大震災
　　(4) 1945年の東京大空襲
　　(5) 経営不振による境内の売却や
　　　　統合

　近代化および都市化による神社の統廃合と戦後の国家神道の解体を通して神社は危機を迎えるが、パワースポット・ブームに乗って再び参拝者を集めるようになった。参拝者増加に大きく影響しているのがSNSの普及である。

　寺社は日常から切り離された空間に位置するため、鳥居や拝殿はフレームに収まりやすい。鳥居は貫（横の木）が柱から出ている明神鳥居と、柱から出ていない神明鳥居に大別される。前者は稲荷神社が代表で、朱色に塗られているものが多く、後者は伊勢神宮や靖国神社【14-

6】が代表で、一般的には石および
コンクリートで作られている。

14-6　靖国神社大鳥居

「神社巡り」としてSNSに投稿さ
れた写真には鳥居をメインとするも
のが多いが、その中でもインスタグ
ラムの写真に適しているのは朱色が
鮮やかな明神鳥居である。

現代人の信仰心

占いやパワースポットは、近年の
卒業論文でしばしば見られるテーマ
である。このテーマに向き合うと
き、学生は「自分はなぜ占いにはま
るのか？」「自分はパワースポット
に何を求めているのか？」という根
本的な問いに直面する。

最近の神社は和モダンなカフェを
常設し、パステルカラーのかわいら

しいお守りに溢れている。戦前、国
家神道を担ってきた靖国神社でさ
え、2019年、attic room 靖國外苑
【14-7】というカフェを設け、そ
の隣に開店したSAKURA外苑直営
ショップでは淡い桜色の雑貨類が販
売されている。

14-7　attic room 靖國外苑

では、インスタグラムに投稿でき
るような朱色の鳥居やカフェ、お守
りなどがあるからパワースポットと
しての神社に行くのか？答えは、
No である。もともとパワースポッ
トや占いが好きだから、神社に行く
のであり、神社は若い女性のニーズ
に応えているにすぎない。

ここで最初の問いに戻ることにな
る。なぜ女性ファッション誌には占
いのページが付いているのか？

占いの歴史をさかのぼってみる
と、その歴史はかなり長い。ただし、
それは作物の豊凶や自然災害を占う

といった国家などの共同体全体に関わるものであった。統治者の依頼に対して、占いを行ったのは高度な知識と技術を持つ宗教職能者である。

　例えば、日本の陰陽道の祖とされる安倍晴明は平安時代に村上天皇や花山天皇に仕えた。彼の邸宅跡に建てられた清明神社には祈祷呪符の五芒星が各所に見られる。幾度もマンガや小説の主人公となったこともあって、安倍晴明のパワーにあやかりたいたくさんの人々が清明神社を訪れている。こうして清明神社は京都で最も有名なパワースポットの一つとなっている。

　かつては天皇や皇帝などの支配者のものであった占いが、現代では個人のレベルへと変わった。個人的な運勢を占うことができるとなった場合、人々は何を占うのか？　またどのようなことを超自然的な存在に対して祈るのか？

　それは、仕事や恋愛など不確定な要素が多いものである。これは近世になって稲荷神社が五穀豊穣の神から出世や商売繁盛の神へと変わっていったことと似ている。都市化や近代化は個人が個として生きていくことを強制するゆえ、願望も個別化していくのである。

　現代では大学進学や就職活動など、まだ自分の将来について明確なビジョンがないままに若い人々は選択を迫られる。その選択が正しいかどうかは結果が出てからでないとわからない。また、結果が出た後でも正しいかどうかはわからない。こうした不安を一時的にでも和らげてくれるのがパワースポットや占いなのだろう。

　数年前、「若い女性はなぜ占いが好きなのか？」をテーマにして卒業論文を書いた学生がいる。本人も占い好きであるためか決断力がなく、最後までタイトルが決められなかった。最終的にはこちらから次の題目を提示した。「お告げがほしい！」。

◇ブックガイド

岡本亮輔『聖地巡礼——世界遺産からアニメの舞台まで』中公新書、2015年。
中村圭志『教養としての宗教入門——基礎から学べる信仰と文化』中公新書、2014年。
礫川全次『日本人は本当に無宗教なのか』平凡社新書、2019年。

◇調べよう

1. パワースポットとされる場所を選びその来歴を調べよう。

2. いつ頃からパワースポットと呼ば
 れるかを調べよう。
3. その場所に行って、どんな場所か
 調べよう。

◇**聞いてみよう**
身近な人にインタビューしてみよう。
「パワースポットに行ったことがあり
ますか？」
「どうしてその場所を選びましたか？」
「パワーってどんなものだとイメージ
しますか？」

◇**考えよう**
現代人の信仰心や宗教について考えて
みよう。

英語さえ話せれば！
外国語コンプレックス

小張順弘

話すことが当たり前の社会

日本社会では1980年代までは国際化や国際交流という言葉を耳にしたが、その世の中の風潮は1990年代以降にはグローバリゼーション（グローバル化）や多文化共生へとつながっていった。現在、こうした影響を受け、日々の生活場面での変化を経験し、多様性を受け入れながら、互いの意思疎通を行うことが求められている。言葉によるコミュニケーションの先には、必ず人が存在し、人々の生活があり、その人々が暮らす社会・文化がある。

そのため、異なる人々を結ぶ言葉は重視され、以前は「話しがうまい人／下手な人」「話が面白い人／つまらない人」など性格の一部として受け止められていたが、現在では「コミュニケーション能力（コミュ力）が高い人／コミュニケーション障害（コミュ障）の人」などと能力として捉えられる傾向がある。

言葉の役割と連想ゲーム

言葉には機能的役割（コミュニケーションの道具／ツール）と象徴的役割（アイデンティティを示すしるし／シンボル）があるが、コミュニケーションでの言葉はこの2つの役割を同時に果たしている。機能的役割は意味するものと意味されるものの規則性（「記号＝意味」）、そして象徴的役割は言葉の違いが特定の心理的イメージ／感情と結びつく関係性（言語的差異＝イメージ／感情）を背景にして、それぞれの役割を果たしている【15-1】。

15-1 言葉の役割

私たちは人それぞれが持つ言葉の感覚を頼りに日々の出来事と向き合い、その都度湧き上がる異なる感情を抱きながら生活している。他者との接触により、自分と他者との類似点や相違点を認識する。相違点には違和感を持ち、慣れ親しみのある環境(快適空間)と馴染みのない環境(緊張空間)との違いを意識する。この違和感を呼び起こす要因の一つに、言葉の差がある。

また、言葉には「人を結びつける役割」と「人の間に線引きをする役割」があり、前者は同じ言葉を使用する人々の仲間意識や共同体意識を促し、後者は異なる言葉を使用する人々に対する違和感や言葉が理解できないことによる疎外感を生じさせる。人を結びつける機能を持つ言葉は、言葉を理解しない者を排除する機能も併せ持っているのである。

当たり前に存在し、誰しも自由に使える言葉という感覚は、それぞれの生い立ち・学校教育・メディアの影響を通じて**言葉の標準感覚**を植え付け、その基準と比べて異なる言葉に対する感覚を鋭くさせる。発音・アクセント・イントネーション・語彙・表現の僅かな違いに対しても違和感を覚え、その理由について知り、納得したくなるものである。例えば、会話中に、音やイントネーションの違いから「〜県、〜地方出身者だろう」や、独特の語彙・表現の使用から「〜業界の関係者だろう」と感じたことがあるかもしれない。

これは言葉の持つ象徴的役割によるもので、聞き手が持つ言葉の標準感覚を基準とする言葉センサーで捉えた差異を地理的要因(特定の土地・地域)や社会的要因(職業)と関連付けた結果である。私たちはコミュニケーションにおいて意味のやり取りをしながらも、同時に言葉の差にもとづく**連想ゲーム**を行っているのである。

日本語の差異とコンプレックス

言葉のコンプレックスには、言葉の持つ象徴的役割が密接に関係している。言語的差異は特定のイメージと結びつき、感情(肯定的・中立的・否定的・混在)を呼び起こすが、このイメージは時代や人により変化していく。ここでは、日本語の吃音(きつおん)(=「どもり」は差別的用語とされ、現在は使用が控えられている)と**方言コンプレックス**の事例を取り上げたい。

菊地(2019)は吃音の症状の特

徴を、言葉が繰り返されたり（連発「ぼ、ぼ、ぼ、ぼくは」）、引き伸ばされたり（伸発「ぼーーくは」）、つまったり（難発「……ぼくは」）する話し方であるとし、「言葉に詰まることは悪いことである」との思い込みが社会や吃音者にも存在するという。周囲と異なる話し方が「悪い」という価値と結びつけられることで、吃音者の自己肯定感は低下し、発話への不安感を覚え、吃音を隠す努力をするという悪循環が生じると指摘し、「話し言葉の問題」、「心理的な問題」、「周囲の誤解や偏見からくる問題」に対して、吃音を抱える個人と吃音者を受け入れる社会の両面から問題解決に取り組む必要があると主張している。

また、井上（2007）は20世紀には顕著であった方言コンプレックス（特に東北出身者などにみられる自分が使う方言への劣等感）について、標準語／共通語と比べて言語的差異のある方言への認識が時代とともに変化し、21世紀にほぼ消滅したに等しいと指摘している。以前は、首都東京（都市部）の経済的繁栄や先進性を連想させる「標準語・共通語（≒東京方言）」と地方の農村部の経済的困窮や後進性を想起させる方言という構図が強く意識されていた

が、多様性に対する寛容度の高まりもあり、自分とは関わりのない方言が想起するイメージ（関西弁のお笑いの面白さ、任侠映画の荒々しさなど）を利用する**方言コスプレ**（方言のイメージ操作によるキャラ演出）なども見られようになってきている。

「内と外」の差異とイメージ／感情

日本語の吃音と方言の事例からは、**言葉センサー**による探知される言葉の差異が、連想ゲームによりイメージと関連付けられ、イメージに伴う感情が想起されるという一連の過程の存在が見えてくる。この言語的差異が否定的感情と結びつく時に**言葉の劣等感**を覚えるのであるが、この感情と結びつき方には個人差があり、また連想ゲームのルールは変化する（変化させることができる）ものなのである。

この言語的差異とイメージ／感情の結びつきは、外国語に対しても同様に起きる、そのイメージ／感情は人により異なるが、外国語は「内（日本）と外（外国）」の二項対立の関係を背景として結びつきやすく、愛情・羨望・信頼・共感・驚き・疑念・恐怖・嫌悪など様々な感情を呼び起

こすのである。外国語に関する個人的経験や外国語と密接な関係にある政治的／経済的／文化的要因についての知識・理解から湧き上がる具体的／抽象的イメージもあれば、経験や知識・理解不足により何も連想されないこともある。

外国や**外国人**に対する認識は時代とともに変化しているが、日本には歴史的経緯による**外国≒アメリカ**（を中心とする英語圏）との認識が残り、**外国人≒アメリカ人**（英語話者）と受け止め方が根強く存在する（例：**英語コンプレックス**の背景にある「欧米崇拝」など）。また、「国際共通語の英語」（英語＝世界共通）という認識には世界中の人々と英語でコミュニケーションをとることができ、他の外国語ができなくても問題はないとの考え方が存在し、日本の英語偏重傾向が助長されている。この「外国≒アメリカ」「外国人≒英語話者」「英語＝世界共通語」という認識は、「（出自・言語的背景に関係なく）外国人には英語で話す／話さなくてはならない」や、「（滞在国・地域に関係なく）帰国子女は英語が話せる」などの発想にも見られ、人により嫉妬・羨望・不快・嫌悪などの感情を伴うのである。これは日本特有の「内と外」の認識を背景とす

る複雑な英語への感覚であろう。

英語コンプレックス

ここでは、「英語とイメージ／感情」の結びつき方により生じる英語コンプレックスの仕組みについて少し考えてみたい。「英語へのコンプレックスがある」という表現は、「英語ができない」や「英語が苦手」を意味し、コンプレックスは劣等感として一般的に認識されている。この英語への劣等感には、学習者の「英語ができないけど、使いたい」という願望が根底にある。また、英語をすでに使用している人でも、「ネイティブ話者信仰」（ネイティブ話者の英語力への憧れ）が影響し「ネイティブのように話したいけど、話せない」という能力の高低についての自己否定感（できない自分）がつきまとう。英語学習者はその英語力の有無やレベルを問わず、常に「理想と現実の乖離」のなかに存在することとなり、その理想は「生きた英語」「使える英語」「本場の英語」「流暢な英語」などのように高まる一方である。

また、この乖離状態は、漠然とした英語／英語文化への憧れ（例：「英

語／英語文化はかっこいい」）、グローバル化する世界を背景とする英語への過剰な意識や英語力の有無による損得勘定（例：「これからの時代は英語が必須」「英語ができると有利」）、さらに学校教育を通じた学力（例：「英語ができる人は頭がいい」）とも複合的に結びつき、日本独特の英語イメージ／感情や英語熱を生み出している。

英語だけコンプレックス

日本では、2011年度より小学校英語教育が段階的に導入され、英語教育の低年齢化に伴い英語学習熱は高まっている。英語教材・教育方法・評価方法も多種多様であり、他の外国語に比べて、英語学習は効果的に行いやすい環境が整っている。中学・高校・大学へと続く教育段階、さらには就職時や就職後も、英語学習者は各種英語試験（入学試験、検定試験、能力試験など）が実施され、英語力の可視化による評価（点数化／能力レベル）に晒される状況が日本にある。

この客観的指標により、英語力の把握ができる（と信じられている）のだが、これは「英語ができる／で

きない」という自己肯定感／自己否定感の刷り込みにもつながっている。日本の英語学習は数多の評価を通じて「理想（求める英語）と現実（自分の英語）の乖離」を常に認識する（できる）きわめて特殊な環境にあり、人が言葉に対して抱く好奇心を次第に薄れさせ、英語と否定的感情が結びつきやすい状態にあると思われる。

これはアジア海外研修のための学生引率時の観察だが、学生たちの現地語への態度が日本で英語を学ぶ態度と明らかに異なっていたのである。現地滞在中に、現地語の挨拶や簡単な語彙・表現を学ぶ機会を設けているのだが、学生は存在すら知らなかった言葉に接して初めは困惑するものの、しばらくすると素直に受け入れる。そして、通じるかどうかをすぐに試そうとして、積極的に現地の人々に話しかけ始めるのである。当然、現地語知識が限られているために途中から英語になったり、会話が続かなかったりするのだが、気にする様子が全くない。通じないことや、間違えを何度も言い直すことを、楽しんでいるようにさえ思えるのである。この光景には、外国語に対する肯定的感情を育てていくためのヒントが含まれていると思われ

る。それは、「異なる言葉への好奇心」「言葉を使えること自体の喜び」「自発的な人と関わり」「言葉の自己評価」である。

この観察は、日本での一般的な英語学習方法（主に英語の規則を覚え、語彙・文法など知識を増やす努力し、客観的評価により学習成果を確認する方法）における言語学習態度の違いが表れている。日本の英語学習は教育分野を中心として学習の効率化や学習成果の可視化に主に取り組んできた結果、その副作用として言葉の学びが本来持つ「楽しさ」「嬉しさ」「不合理さ」「複雑さ」などを感じ取りにくく、言葉の学びを萎縮させてしまう状況となっているのかもしれない。

英語コンプレックスが引き起こす悲劇

日本人学生の英語に対するコンプレックスが、時に悲劇を引き起こすとの指摘がある。「英語は国際共通語」との認識はアジア諸国にも広く存在している。これは1990年頃の東南アジアでのエピソードであるが、旅行作家の下川（1994）は、滞在先のタイで知り合った日本人学生の話を聞くなかで、夜の街で法外な料金を取る「ぼったくり」被害に何度も繰り返し遭っていることを知る。多くの体験談を聞くなかで共通する傾向を見出すのだが、この現象を不思議に思い、実情を知ろうと学生とともに盛り場へ行ってみるのである。

すると、いつものように客引きが少しおかしな日本語で話しかけ始めてきた。しかし、学生は全く相手にしない。その後、ある客引きの "Can you speak English?" に突然足を止め、「イエス」と答えてから長々と話し続けたという。この学生の行動に、日本よりも「遅れた」国の男から英語で話しかけられ、自分は日本の大学生であるとの自尊心から「英語くらいできる」とムキになる心理状態を読み取っている。さらに、英語というフィルターを通すことで人を見抜く力が萎え、英語で話しかけてくるよからぬ人たちに対する脆さを露呈すると指摘し、世界各地で起きている日本人学生を巻き込む事件の背景には英語コンプレックスの存在があるのではないかとの懸念を表している。

このエピソードには、話し手の連想ゲームにより結び付けられた「日本（＝先進国）」「東南アジア（＝発展途上国）」「英語（＝インテリ言語）」

のイメージ／感情と話し手の自尊心（日本の大学生）が複合的に絡み合うことで、コミュニケーションの目的（人や物事の見極め）を見失い、身に降りかかる危険（ぼったくりによる金銭的被害）を回避できなかったという英語コンプレックスに起因する負の側面が読み取れる。

現在、国際関係の劇的な変化により、東南アジア（諸国）に対するイメージ／感情も変わりつつあり、英語は事実上のアジアの共通語としての役割を担っている。より好ましい相互理解のために、私たちは言葉による暴力や悲劇をできるだけ回避するように努力すべきであるが、母語以外の言葉として英語を使用する人は英語コンプレックスを感じやすい状況にある。特に東南アジア諸国の貧困・格差問題を抱える社会では、英語は個人的資質・能力、学力、社会・経済的地位、豊かな欧米諸国（旧宗主国）などと密接な関係があるため、多様なイメージ／感情と複雑に結びついている。アジアにおける英語コミュニケーションでは、関わる双方の文化・社会事情を考慮し、「人や物事を見極める目」を曇らせることなく、相互理解を深めていく努力が必要となる。日本・東南アジア・英語の三角関係の構図【15-2】を

意識することで、英語コンプレックスによる悪影響（過剰に自分を高めたり、根拠なく相手を見下したりする態度）への気づきを促し、互いが誠実に向き合うことできる安全なコミュニケーションの空間が開けるであろう。

15-2　三角関係の構図

英語コンプレックスとの向き合い方

中島（2016）は自分自身の欧米崇拝にもとづく「国際語としての英語」に対するコンプレックスが、時代の変化とともに自然治癒していったと述べている。そこには自分の「生き方の変化」があったとし、英語コンプレックス解消の過程での5つの変化を挙げている。

　（1）無理につじつまを合わせることをやめる。

(2) コミュニケーション・スキルを高める。

(3) 自分をあえて困難な立場に追いやる。

(4) コンプレックスを（ある程度）肯定する。

(5) 人生で最も大切なことを見失わない。

この5つの変化に着目し、英語コンプレックスの解消方法として、（1）矛盾だらけの人間が持つ虚栄心がコンプレックス・差別・偏見に繋がることを理解すること、（2）異質な人々とのコミュニケーションでの対等な個人として向き合うためにはコミュニケーション・スキルを高める必要があること、（3）苦痛を伴う英語学習経験を重ねること、（4）人を成長させるコンプレックスと（ある程度）付き合うこと、（5）英語よりも高い価値（人の誠実さ）を見出すことが必要であると続けている。以上は個人的な経験談ではあるが、英語コンプレックスとの向き合い方や今後の具体的行動について一つの指針となる。

英語への興味には、英語文化や社会への漠然とした憧れ、英語話者との出会い、洋画・洋楽への興味などがあるかもしれない。そして、英語を話してみたい、好きな歌手の曲を歌ってみたい、歌詞を知りたい、映画のセリフの意味を知りたいという直感的な感覚には、異質なものや未知なるものに対する不安や恐怖心ではなく、純粋な好奇心が存在していたはずである。英語をはじめとする外国語学習には、言語的差異を積極的に受け入れ、違いを肯定的に受け止める連想ゲームのルールを持つことが大切なのである。

外国語コンプレックスの先に

英語を含めて世界には 7,000 以上の言語が存在すると推測され、話者数が多い上位 20 言語には以下がある【15-3】。

トルコ語
韓国語　タミル語
ロシア語　日本語　ウルドゥ語
アラビア語　英語　ヒンディー語
中国語　ラフンダー語
スペイン語　ポルトガル語
ベンガル語　ドイツ語　フランス語
ベトナム語　ジャワ語
テルグ語　マラーティー語

15-3　世界の話者数上位 20 言語

どの言葉を通じて、いつ、どこで、

どのような人々と関わり、何を、どのようにしていくのかは、一人ひとりの生き方によって異なる。どの言葉にしても、その言葉に対して素直に向き合うことで、人々と出会い、異なる生き方から学び、文化・社会を少しずつ理解するようになっていく。日本語を主な言葉として不自由なく生活ができる日本の言語環境のなかで、外国語の聞き慣れない音を頼りに必死に意味を探り、単語や文法を覚え、見様見真似で取り組む学習は簡単ではなく、様々な苦痛も伴うであろう。また、言葉の学びには時間がかかるため、将来の利便性が見いだせないまま「やらされている感」を抱いてしまうこともあるだろう。外国語に出会っても、こうした経験により否定的感情（例：「わからない」「難しい」「面倒くさい」）と結びついてしまうこともある。

コミュニケーションでの意味のやり取りには、一人ひとりが持つ言葉の連想ゲームのルールにより関連付けられるイメージ／感情も伴うが、この連想ゲームのルールは個人的な思い込みによるものであるため修正可能である。英語を含む外国語と結びけられる否定的感情は、人の目を曇らせてしまい、物事の見方を硬直化させ、人との向き合い方や物事の判断に悪影響を及ぼしてしまう。

残念ながら、外国語コンプレックスには特効薬が存在しない。常に「理想と現実の乖離」状態に置かれ、言葉の連想ゲームを行う以上、その根本的な解消は困難であるかもしれない。

しかし、外国語コンプレックスがなぜ、どのように生じるのかを知ることにより、コミュニケーションに与える悪影響をできるだけ抑えることができる。外国語に向き合うことは自分自身に向き合うことであり、自分のなかの感情と上手く付き合うことでもある。そして、外国語を学ぶことは異なる人々や世界との出会いへとつながり、その学びを続ける人の生き方を少し豊かにしてくれるであろう。

◇**ブックガイド**

井上史雄『変わる方言　動く標準語』ちくま新書、2007 年。
菊地良和『吃音の世界』光文社新書、2019 年。
下川裕治二『アジア赤貧旅行——だからアジアは面白い』徳間文庫、1994 年。
中島義道『英語コンプレックスの正体』講談社＋α文庫、2016 年。

◇**調べよう**

1. 自分や周囲の人が持つ英語に対するイメージ／感情を調べよう。
2. 自分や周囲の人が持つ英語以外の外国語に対するイメージ／感情を調べよう。
3. それぞれの外国語について、なぜそのようなイメージ／感情を持つのかを比較検討してみよう。

◇**聞いてみよう**

身近な人にインタビューしてみよう
「あなたの関西弁に対するイメージ／感情はどのようなものですか？」
「どの外国語にどのようなイメージ／感情をもっていますか？」
「言葉の違いを感じるのはどのような時／状況ですか？」

◇**考えよう**

日本で外国語を学ぶ意味／意義とは何かについて考えてみよう

もしかして自分も？

ホームレス

二文字屋脩

ホームレスにみるエゴフォビア

　ホームレスは他人事。そう考える人はとても多い。特に若い人たちの中には、「自分もホームレスになるかもしれない」という感覚などほとんどない人が多いのではないだろうか。

　確かに「単身の中高年男性」という一般的なホームレス像からすれば、「自分とは無関係だ」と考えるのも無理はない。怖い・臭い・汚いなどと形容されるイメージも相まって、自分からは程遠い存在だと考える人も少なくないだろう。だが失われた30年から未だ脱しきれていない今の日本社会は、誰もがいつ失業してもおかしくない時代にすでに突入している。**ホームレスは他人事**どころか、**明日は我が身**なのである。

　しかしとても悲しいことに、ホームレスに対する世間の風当たりは依然として強い。そして彼らに対する差別や偏見が、ときに暴力を引き起こすこともある。例えばある市民団体の調査では、「何らかの襲撃を受けた経験がある」と答えたホームレスが全体の四割を占めたという。

　特に以前から問題視されてきたのが、若者による暴力である。中学生から大学生までの若者が、ときに死を招くほどの暴力を振るう。そしてそんな彼らが口にするのは、「ホームレスは社会の役に立たない、生きる価値のない無能な人間だ」といった罵詈雑言だ。

　誰もがホームレスになる可能性のある時代を等身大で生きつつも、若者たちが社会的に弱い立場の人たちにこれほど冷たい視線を向けてしまうのはなぜだろうか。「ホームレスは他人事」と言い切っても何らおかしくはない若者たちが、これほどまでに敵意を剥き出しにするのはなぜだろうか。

　少なくとも彼らの言い分には、ホームレスに対して無関心になれないもどかしさが垣間見える。「他人事とは言い切れない。かといって自分事とは認めたくない」という苛立ち、と言ってもいいかもしれない。

　であれば、ホームレスに対する差

別や偏見を**エゴフォビアの産物**と呼んでもあながち見当違いではないだろう。このような視点から、ホームレスに対する差別や偏見の根底にあるものを探ってみよう。

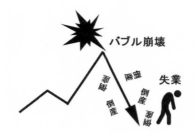

16-1 バブル崩壊と失業

ホームレス問題のはじまり

ホームレスが社会問題化したのは、バブル経済が崩壊し景気が急速に後退した1990年代中頃である【16-1】。この頃、建築業などに従事していた多くの日雇労働者たちが仕事を失い、新たな生活場所を求めて都心部に集まった。彼らは、寄せ場（日雇労働者に就労先を提供する労働市場）を経由して日銭を稼ぎながらドヤ（簡易宿泊所の通称）で寝泊りしていた人たちである。

一方、当時のホームレスには、労働市場からはじき出された日雇労働未経験者もいた。製造業やサービス業に従事していた彼らがホームレスになった背景には、生産工場の海外移転や外国人労働者の流入といったグローバル経済化に伴う労働市場の縮小、そしてサービス産業の進展といったサービス経済化に伴う労働者のホワイトカラー化があったと言われている。

当時の状況を象徴するのが、新宿駅西口地下通路にあった「ダンボール村」だろう。今では想像もできないだろうが、1992年から1998年にかけて、西口地下通路には時に200人近い人たちが生活をしていたと言われている。

しかし都庁のお膝元に広がる光景を行政はよく思わず、強制撤去による排除を推し進めていった。1996年に設置された新宿駅西口から都庁をつなぐ「動く歩道」は、そうした排除を目的に作られたものとも言われている。

都心部におけるホームレスの急増を受け、東京や大阪、名古屋といった地方自治体がそれぞれ対策に乗り出した。しかし地方自治体だけで対策を講じるには財政面などで負担が大きく、また地域内の問題として対応することの限界が広く認識されたことで、国による包括的な対策の必

要性が叫ばれるようになった。

　そこで国は関係省庁や関係地方自治体とともに「ホームレス問題連絡会議」を 1999 年に立ち上げ、翌年には「ホームレス自立支援事業」を開始した。そして 2002 年には「ホームレスの自立の支援等に関する特別措置法」（以下、「自立支援法」）が国会で成立する。これにより自立支援のための基本方針が策定され、各地方自治体はこれに則った支援の実施計画を策定・実行することとなり、現在に至っている。

　具体的な対策の内容については割愛するが、国や地方自治体、そして民間の支援団体などの働きかけにより、全国のホームレス数は着実に減少してきた。例えば 2003 年に厚生労働省が行った調査では、その数が 25,296 人だったのに対し、2022 年には 3,448 人にまで急減している。

　しかし国が発表する数字には注意が必要である。例えばある市民団体が東京都心部で行っている夜間調査では、東京都の発表の 2 倍以上もの人数のホームレスが確認されている。なぜこれほど差があるのかといえば、行政による調査が昼間に実施されているからである。

　都心部に暮らすホームレスの多くは、昼夜を問わずその存在が確認できる定住型ではなく、時間帯によって様々な場所に移動する生活を送っている。だから昼間に数えてもより正確な数字は把握できない。

ホームレスって誰のこと？

　ところで、**ホームレス**とは具体的にどのような人たちを指すのだろうか。こう問いかけられて真っ先に思い浮かぶのは、「路上で寝泊りしている人たち」という素朴なものだろう。これはある意味で正しい。実際に日本政府は、「都市公園、河川、道路、駅舎その他の施設を故なく起居の場所として日常生活を営んでいる者」（自立支援法第二条）と定義している。

　しかし世界を見渡すと、この定義はとても狭いことが分かる。例えばアメリカは、「安定的で適切な夜間の住まいを持たない人」などと定義し、たとえ住まいがあっても、一時的な宿泊施設などに住んでいる人もホームレスに含めている。

　イギリスやドイツ、フランスなども、概ね同じような定義を採用している。つまり「公共空間で寝起きしている人」だけでなく、「住まいが不安定な状態にある人」や「住まい

を失う可能性のある人」など、その守備範囲は日本よりも格段に広い。だから欧米型の定義を採用すれば、ネットカフェ難民やマクドナルド難民と呼ばれる人たちも「ホームレス」に含まれることになる。

とはいえ、これは「欧米が正しく日本が間違っている」ということではない。問題は、日本のような定義では、路上生活に至るプロセスを不可視化し、路上生活自体が問題であると誤解させたり、路上生活者をゼロにすることがあたかも問題の解決であるかのように錯覚させてしまう点にある。実際、東京都が 2015 年に策定した「東京都長期ビジョン」には、2024 年度までにホームレスを実質ゼロにすることが目標に掲げられている。

しかしホームレス問題とは、ある個人に路上生活とその長期化を強いる構造的な問題である。つまり人がホームレスになるのは、労働市場からの排除だけでなく、社会関係からの排除、社会保障からの排除といった複数の社会的排除が何重にも折り重なった結果なのである。

社会的排除と自己責任

確かにホームレスになる主な要因は失業である。ただし、失業したからといって人はすぐにホームレスになるわけではない。失業しても貯金を崩せばしばらくは生活することが可能であるし、そのあいだに再就職できれば大きな問題はない。しかし特別なスキルや職務経験がなければ再就職は難しくなり、年齢も高くなるほど不利になる（＝労働市場からの排除）。

ただ、再就職が上手く行かなくとも金銭面で頼ることのできる家族や知人がいればなんとかなる。だが、そうした人が近くにいなければどうだろうか。家族との関係に問題を抱えている人は少なくないし、人間関係が苦手な人も珍しくはない（＝社会関係からの排除）。

もちろん、頼る人が近くにいなければ、行政に頼ることも可能である。生活保護などの社会保障制度がこの国には用意されている。しかし制度の利用要件を満たしていても、現場から聞こえてくるのは、「まだ働けるでしょ？」などと言われて窓口で追い返されたという声である（＝社会保障からの排除）。再就職もままならず、かといって家族や知人

にも頼れず、行政に助けを求めても追い返される。そうやって人は「ホームレスになる」。

それに、一度ホームレスになるとそこから抜け出すのはとても難しい。家族や知人にも頼れず、行政にも頼れないとなると、自分一人でどうにかしなければならなくなる。しかし新しい職をみつけようにも、住所不定というだけで雇用機会にはなかなか恵まれない。運良く就職できたとしても、特別な資格や技術がなければ雇用形態も不安定な上に賃金が低いことも多く、住居の確保に必要な資金を貯めるにも時間がかかってしまう。また、いざ賃貸契約しようにも、保証人がいなければ入居もままならない。それまでに失ったものをもう一度取り戻すのは、想像以上に困難な道のりなのである【16-2】。

保証人　雇用機会　十分な賃金

一度失うと取り戻すのは難しい

16-2　失われたもの

こうした状況にさらなる追い討ちをかけるのが自己責任論である。自己責任を主張する人は、失業したのは当人が不安定な仕事や雇用形態を選んだからであって、頼れる家族や知人がいないのも良好な関係維持に努めなかったからだと「**正論**」を振りかざす。

しかしこれは結果論に過ぎない。そもそも自分を苦しめるような職業や雇用形態をわざわざ選ぶ人がどこにいるだろうか。生涯にわたって働くことが半ば当たり前となっている世の中で、社会保障制度を前提に生活している人などいるだろうか。家族や知人と良好な関係を築いていても、それがいつ綻ぶかは誰にも知り得ない。自らホームレスになることを望まないない限り、それは目的ではなく結果でしかない。

その意味で自己責任論とは、問題の解決を志向するものではない。他者を糾弾するには有効かもしれないが、他者と共に歩む未来を志向するならば、それは社会を停滞させるばかりか、むしろ後退させるものだろう。

もちろん、何もかも社会のせいだとは思わない。しかし何もかも個人のせいだとも言い切れない。現実は、そのような二者択一では判断で

157

きないほどの複雑さと難しさを抱えている。であればなおさらのこと、私たちがすべきは責任のなすりつけ合いではないだろう。

「社会の役に立つ人間」とは？

ホームレスとは何重もの社会的排除の結果であり、ホームレスから脱するにも構造的かつ制度的な障壁が立ちはだかる。ゆえにその原因すべてを個人に求めることはできない。

このような認識は、誰もがホームレスになりうる時代ではその重要度がさらに増している。事実、2008年のリーマン・ショックや2020年の新型コロナウイルス感染拡大で明らかになったのは、非正社員だけでなく正社員も、また中高年層だけでなく若年層も、容易に貧困に陥ってしまうこの社会の脆さだった。今の時代、ホームレスになった人、あるいはホームレスになりそうな人は、何も特殊な人ではない。

しかしこうした現状認識は、ホームレスに対する差別や偏見を軽減するための一助にはなるものの、これだけで差別や偏見、ましてや暴力はなくならない。そこには自己責任論とは別種の問題があるからである。

ここであえて自己責任論を支持するとしよう。自己責任とは、「個人の意思や行為による結果は個人でその責務を負うべし」というものであり、言ってしまえばホームレスは他人事という態度を取ることを意味する。

であればなおさらのこと、これが差別や偏見、暴力を生むとは考えにくい。自分事ではないのだから、わざわざ彼らの存在を気にする必要性などどこにもないからである。しかしそれでも若者たちは暴力を振るう【16-3】。なぜだろうか。

16-3 『朝日新聞』2018年4月11日

「ホームレスは社会の役に立たな

い、生きる価値のない無能な人間だ」とは何度聞いても嫌な後味が残る言葉だが、少なくともこれがホームレスに対する暴力を若者たちなりに正当化するものであったのは、「生きる価値があって有能な人間とは社会の役に立つ人間である」と彼らが考えていたからだろう。

では、「社会に役に立つ人間」とは一体どのような人間だろうか。それはおそらく、「働く人間」である。勤労の義務を果たし、納税の義務を果たす者。言うなれば日本国憲法に規定された「国民の義務」を果たす者、ということになる。

実際には多くのホームレスが廃品回収などで収入を得ているし、税金だって収入に応じて額が違うのだから、彼らが勤労と納税の義務を放棄していると考えるのは正確ではない。それに、ホームレスは社会的排除の結果でもあるのだから、個人にだけその責任を負わせるのは強引にすぎる。

とはいえ一般的な**労働観**とは異なるために、ホームレスが国民の義務を果たしていないと考えるのも無理はない。しかし仮にそうだとしても、それで暴力が正当化されるわけではないし、「働いていないから」といって生きる価値があるかどうか

や有能な人間であるかどうかを判断する権利など誰にもない。にもかかわらず、若者たちは自分たちが審判を下す側であるかのように振る舞った。「彼らは思慮に欠けた若者なのだ」という意見も分からなくもないが、これを特殊な問題として片付けてしまって良いようにも思えない。

自立という危うさ

ここで、ある言葉が脳裏をよぎる。**自立**である。日常生活でもたびたび使われる言葉だが、ホームレスに関してこの言葉が特に使われているのが自立支援法である。その名の通り、この法律はホームレスに自立を促し、社会復帰させることを主眼としている。そしてここに、国が考える市民や国民としての私たちのあるべき姿を読み取ることができるだろう。

例えば自立支援法に基づいて2003年に策定された「ホームレスの自立の支援等に関する基本方針」では、ホームレスに至った要因が「就労する意欲はあるが仕事がなく失業状態にあること」、「医療や福祉等の援護が必要なこと」、「社会生活を拒否していること」の三つに類型化さ

れた。前者二つに共通するのは、自分の力ではどうしようもない結果としてホームレスを捉えている点にある。つまり彼／彼女らがホームレスになったのはその人の責任だけではないことを認めた上で、必要な支援として前者には就労機会を、後者には医療と福祉を提供する。しかし三つ目のカテゴリーは、ホームレスを自ら選んだ結果であるとしている。

この三つ目のカテゴリーはその後批判を受けて削除されたが、この類型化が示唆するように、国が求めるのは自立であり、望ましい自立とは第一に労働によって成立する自立である。だから働きたくて働ける者は支援の対象になり、働きたくても働けない者は救済の対象になるが、そうではない者には「社会生活を拒否している」という烙印を押しつける。

自立とは、辞書的に言えば「誰からの助けもなしに自分一人の力で生きること」である。しかしこれは幻想に過ぎない。社会的な存在である以上、私たち人間は常に誰かに依存しながら生きている。また、誰かに依存されながら生きている。

事実、義務教育を終え、大学に進学して社会に出たとしても、衣食住をすべて自分で賄っている人は皆無だろう。誰かが作った服を着て、誰かが作った肉や野菜を食べ、誰かが建てた家に住んでいる。私たちの生活は、名もなき誰かの仕事で成り立っている。また、より根本的なことを言えば、「私」という存在が成り立つためには、他者の存在を必要とする。そして他者もまた、「私」という存在を必要とする。つまり自立とは、依存の上に成り立つものであり、依存なき自立はありえない。

しかし幻想に過ぎないにしても、誰の力も借りずに生きることが理念として共有され、一人ひとりが目指すべきものであるとされているのが今の日本社会である。「働かざる者食うべからず」という言葉とも共鳴し合いながら、一切合切のことを自分事として引き受けることを善とし、他人に依存することを悪とする。実際、ある市民団体の調査によれば、生活保護の受給要件を満たしているのに申請を躊躇する人が口にするのは、「家族に知られるのが嫌だから」や「自分の力で頑張りたい」といった言葉だった。

エゴフォビアを超えるために

働いて自立すること、社会の役に立つ人間になること、それが生きる

価値であることを、私たちは自明視している。もちろん、そのような生き方を否定するつもりはない。しかし誰もがそのように生きることができるわけでないし、またそのように生きていても何かの拍子にそれが叶わなくなることだってある。「人生何があるかは分からない」と言ってしまえばそれまでだが、重要なのは、各個人にはそれぞれに固有の物語があるということを、私たち一人ひとりが認識することにあるだろう。そのような認識こそが価値観の画一化を阻止し、多様な生き方の選択肢を増やすことになる。何を選択するかではなく、選択できる自由を確保しておくこと。それが私たちに等しく安心と希望をもたらす。

しかしホームレスに暴力を振るう若者たちの**動機**が、自立を執拗に求める社会に対する悲痛な叫びであったとするなら、現実はまだこれに追いついていないようだ。「自分らしく生きよう」と言いつつも、卒業が近づくほどに生き方の選択肢を狭めていく社会に若者たちの行為を重ねるなら、そこに見えてくるのは「役に立たなくてもいい、それでも生きる価値はある」とは誰も言ってくれない、この社会の不寛容さと窮屈さである。であるなら、彼らは加害者である同時に被害者でもある。

ホームレスに対する差別や偏見から露わになるのは、私たちの「**常識**」に他ならない。であれば、私たちはただの傍観者ではない。この社会の常識を無批判に支持する限り、私たちは共犯者でもある。どのような生き方を選ぶかは個人の自由であるが、常識を振りかざして他者の生き方の選択肢を狭めるのは暴力以外の何ものでもないだろう。

このように考えると、誰もがホームレスになりうる今の時代、私たちを苦しめているのは私たち自身であることが分かる。だが、私たち自身を解放するのもまた私たちである。エゴフォビアを乗り越える力は、今もなお私たちの手のなかにある。

◇**ブックガイド**

青木秀男編著『ホームレス・スタディーズ——排除と包摂のリアリティ』ミネルヴァ書房、2010年。
飯島裕子、ビッグイシュー基金『ルポ若者ホームレス』ちくま新書、2011年。
生田武志『〈野宿者襲撃〉論』人文書院、2005年。
岩田正美『現代の貧困——ワーキングプア／ホームレス／生活保護』ちくま新書、2007年。

二文字屋脩編著『トーキョーサバイ
バー』うつつ堂、2022 年。

◇**調べよう**
近くにある自治体のホームレス対策に
ついてインターネットなどを使って調
べてみよう。

◇ **聞いてみよう**
炊き出しや夜回りといったボランティ
ア活動に参加して、ホームレス問題の
現状について聞いてみよう。

◇ **考えよう**
ホームレスに対する差別や偏見を生み
出してしまう私たちの、そしてこの社
会の「常識」とは何かについて考えて
みよう。

大事なのは柔軟性

17 無理な理想からの解放
モテとヤセ

高山陽子

モテとヤセ

モテと**ヤセ**は、若者の願望を代表するものである。そして、その理想に達していない自分への嫌悪（エゴフォビア）を生み出す。

例えば、2008年、秋葉原で無差別殺傷事件を起こした25歳の男性は「彼女がいない　それがすべての元凶」、「勝ち組はすべて死んでしまえ」という内容をSNSに書き込んでいた。モテないことが原因で無差別殺人に及んだとされる。

17-1　2008年秋葉原無差別殺傷事件
『朝日新聞』2008年6月9日夕刊

また、若い女性の会話にはしばしば「ヤセればかわいいのに（もったいない）」という言葉が登場する。痩せていることが美しさの必須条件になっている発言であるが、体重が少ないことと外見的な美しさには絶対的な因果関係があるわけはない。体重が減っても生まれ持った骨格が変わるわけではないので、顔が大きく変化することはない。

「ヤセれば…」という言葉は、「あの子はやせればかわいいのに、もったいない」のように、自分以外について用いることが多い。授業で「他人の体型について、ヤセれば云々なんて余計なお世話ではないか？」と学生に聞いたところ、学生たちは一様に口をつぐんでしまった。

なぜ他者の体重についてとやかく言うのか？　それは結局のところ、自分自身がヤセればかわいくなるはずだが、今の自分はヤセていないので、かわいくないという考えが根本にあるためであろう。他者への「ヤセれば…」という余計なアドバイスは、自分がそう思っていることの裏

返しなのである。

　自分がそれを持っていない、すなわち、「今の自分はモテてない」、「今の自分はヤセていない」と考えるときにモテやヤセという理想に縛られる。その結果、「モテれば人生バラ色！」「ヤセればかわいくなる！」という一発逆転の発想が生まれる。

　SNS を中心とするメディアは、こうした無理な理想を植え付け、それさえ手に入ればすべてがうまくいくという短絡的な思考を抱かせる。SNS 上の華やかな世界が虚構であり、理想の自分を目指すには無理があるのは重々に承知しているにもかかわらず、SNS が生活の大部分に影響を与える現代では、モテとヤセという理想を振り払うことは難しい。

　モテたいという願望は、無差別殺傷事件を引き起こす危険を含み、ヤセたいという願望は過剰なダイエットから摂食障害を引き起こす危険を含む。言い換えれば、前者は他者への攻撃へ、後者は自己への攻撃へ向かう。こうした暴走を止めるのはどうすればいいのか。ここではその願望を作り出す正体について考えてみたい。

インセル

　1990 年代から日本では、恋人がいない男性に対して**非モテ**という言葉が使われるようになった。他者へのラベルとして使う場合と、自称として自虐的に使う場合がある。英語のインセル（involuntary celibate の略）は「不本意な禁欲」を意味するが、性的魅力に劣るという劣等感を抱くゆえに恋人ができない男性を指す。女性への激しい憎悪の感情は、ステイシー（魅力的な女性）とチャド（魅力的な男性）への無差別殺傷事件に発展することがある。

　2014 年 5 月、カリフォルニアで 22 歳のエリオット・ロジャーは、自らをインセルと名乗り、無差別殺傷事件を犯し、自殺した。以後、ロジャー事件は女性嫌悪による無差別殺傷を犯す若者のシンボルとなり、Facebook などに「エリオット・ロジャー万歳」などの書き込みが見られるようになった。

　2018 年 4 月、カナダのトロントでアレック・ミナッシアンがレンタカーで通行人に突っ込み、10 名を殺害したミナッシアンは Facebook に「チャドやステイシーを全滅させる」と書き込んだ。

　21 世紀に入りインターネットが

急速に普及したから女性嫌悪に基づく犯罪が増えたかといえば、必ずしもそうでもない。この種の犯罪はインターネット時代の前から起こっていた。例えば、1970年代、ドイツのハンブルクで起こったフリッツ・ホンカ（1935〜1998年）の事件は当時の社会に大きな衝撃を与えた。ホンカは中高年の4人の娼婦を殺害し、死体を解体し、自宅に隠していた。その様子は、ドイツ映画『屋根裏の殺人鬼フリッツ・ホンカ』（2019年）で生々しく描かた。

男性の平均身長が180cmを越えるドイツにおいて、ホンカの165cmという身長で、ゆがんだ鼻、斜視、デコボコな歯並びは劣等感を抱かせるものであったという。映画の序盤では、行きつけのバーで女性に酒を奢ろうとして「不細工過ぎる」といわれる。そのため、ホンカが家に連れ帰ることができたのは自分よりも年上の娼婦であった。

ホンカの部屋に来た娼婦のゲルダが「異様に臭い」と言ったのに対して彼は、「下に住む出稼ぎ労働者のギリシア人が24時間くせえ料理ばかりを作っているせいだ」と答える。

このように女性嫌悪と人種差別などの社会全体に対する嫌悪が一人の中に共存するのは、現代のインセルに向けたインターネット掲示板に集まる人びとと共通する。

社会問題化しつつあるインセルに対して、日本では市民団体 Re-Design For Men が2017年から始めた「男の勉強会」（通称、非モテ研究会）が開かれた。その活動内容は2020年、『モテないけど生きてます──苦悩する男たちの当事者研究』（青弓社）として刊行された【17-2】。

17-2　ぼくらの非モテ研究会

非モテ研究会では Twitter を中心とする SNS を通して非モテで悩む男性参加者を募集し、毎回テーマを決めて語り合う。参加人数は15名程度、時間は2時間程度である。2017年12月24日の初回のテーマは「"非モテ"とは何か」であった。

会を重ねるごとに参加者たちは自らの生きづらさの理由を非モテに置いていることに気付く。実際のとこ

ろ、生きづらさの理由は、人とのコミュニケーションが苦手であるとか、自分の身体にコンプレックスを持っているなど、多種多様である。それにもかかわらず、研究会に参加した男性たちは、女性から好意を寄せてもらえないせいという非モテにすべての原因があると見なし、世の中の女性たちが社会的地位や経済力で男性を評価するといって女性への嫌悪の感情を抱くことで自己嫌悪を相殺しようとしたと語る。**男らしさ**という規範に自分が縛られていたかを認識したときにモテへのこだわりが薄まっていったという。

規範の種

男らしさや女らしさという規範が社会的に構築されてきたものである。それが過剰に自分自身に圧し掛かってくるのはどのような場合なのか。いくつも理由は挙げられているが、そのうちの一つが現代社会の家族関係である。

核家族化した現代では、母子関係は極めて密接である。極端な例を挙げれば、1960 年代、全米を震撼させた殺人犯としてのエド・ゲイン（1906~1984 年）を作り出した一因

は、母親の過剰に禁欲的な教育であったとされる。秋葉原無差別殺傷事件の容疑者の母親も厳格な教育者であったという。

ゲインをモデルにした映画はヒッチコック監督の『サイコ』（1960 年公開）が最も有名であるが、2013 年から 2017 年にはドラマ『ベイツ・モーテル』も放送された。幾度も映画化・ドラマ化されるのは、ゲインの事件が鳥肌の立つ不気味なものでありながらも、どこかに自分にも起こしうるのではないかと考えさせてしまう余地があり、そして、現代の複雑な社会問題を照らすゆえに無視できないためであろう。

その一つはドラマ『ベイツ・モーテル』で明確に描かれる緊密な母－息子関係である。こうした緊密な母－息子関係は男性の生きづらさの原因の一つであるならば、緊密な母－娘関係はどのような結果を生み出すのだろうか。その一例が、過剰な期待を娘にかける、言い換えれば、理想の娘の姿を投影し、娘は理想と現実のギャップゆえに苦しむということである。

理想の娘の筆頭にはディズニー・プリンセスが挙げられるだろう。幼少期からディズニー映画を見てきた女性はディズニー・プリンセスのよ

うに皆から愛される美しい娘になってほしいという両親、特に母親の願望を無意識のうちに背負って生きていく。近年の作品ではヒロインの生き方に重点が置かれるが、『白雪姫』（1937年）や『シンデレラ』（1950年）のような古典的な作品ではヒロインの美しさが特に重視される。例えば『白雪姫』は以下のような文章から始まる。

> 昔々　白雪姫というかわいいお姫様がいました。しかし意地悪な継母の女王は白雪姫が自分より美しくなるのを恐れて白雪姫にボロを着せてこき使っていました。

白雪姫はその美しさのために継母から妬まれるが、同時に従者や小人などに助けられる。毒リンゴを食べて倒れていたが王子がやってきて白雪姫を生き返らせるところで映画が終わる。

シンデレラもその美貌から継母に嫌われるが、魔法使いや動物たちの助けを得て舞踏会に出かけ王子と出会う。映画は二人の結婚式で幕を閉じる。

信じれば夢はかなうと歌って踊り、王子と結婚するディズニー・プリンセスは少女たちの憧れとなる。

ディズニー映画は英語教材としても使われるため、幼少期からディズニー映画を見て育った女性にとって、若くて美しく、従順で英語が話せる女性が理想であると刷り込まれてゆく。

しかし、自分がディズニー・プリンセスの年齢を超えたとき、その理想には達していないことに気づく。そのときの対応としては、第一にディズニーの世界は虚構であるから自分に合った幸せを見出そうとするもの、第二にディズニーの世界に浸り続けることで現実から目をそらすこと、第三に理想にほど遠い自分の姿に劣等感を抱き続けることである。

第一の対応をすればシンデレラ・コンプレックスとは無縁の人生を歩むが、第二および第三の対応ではシンデレラ・コンプレックスに苦しむことになるだろう。

シンデレラ物語

シンデレラ・コンプレックスは、従順でいればいつか自分もシンデレラのように幸せになれるという他力本願的な願望を指す。古典的なディズニー作品の中には白馬の王子を待つヒロインが多いが、原作のシンデ

レラは、様々な困難を自分の知恵で乗り越えたという話である。

アメリカではシンデレラはディズニー映画の公開のずっと前から成功物語としてシンデレラが好まれていた。それが若い女性に向けられたとき、原作の持つ寓話性が薄れ、従順で美しいために玉の輿に乗りました、という物語に変化した。こうして女性の幸せにとって外見の美しさと従順さは必須条件となったのである。

理想の結婚というファンタジーはディズニー社だけの専売特許ではない。シンデレラやプリンセスと名前のつく商品は世界中で販売されており、そのモチーフを利用した映画やマンガ、小説、ドラマは繰り返し制作されている。

特に目立つのが、中国や韓国、台湾で制作されたドラマの邦題である。一例を挙げてみよう。『シンデレラの法則』（原題「勝女的代價」台湾、2012年）、『お昼12時のシンデレラ』（原題「杉杉来了」中国、2014年）、『シンデレラはオンライン中！』（「微微一笑很傾城」中国、2016年）、『僕が見つけたシンデレラ』（原題「ビューティー・インサイド」韓国、2018年）などである。

アジア・ドラマが日本に輸入され

る際には少女マンガ的なタイトルが付けられる。例えば、2018年に中国で大ヒットした宮廷ドラマ『如懿伝』には副題に「紫禁城に散る宿命の王妃」が加えられ、『延禧攻略』は『瓔珞〈エイラク〉～紫禁城に燃ゆる逆襲の王妃～』と訳された。前者は乾隆帝の継皇后、後者は乾隆帝の孝儀純皇后をモデルとする。清朝皇帝の妃は、上位から皇后1名、皇貴妃1名、貴妃2名、妃4名、嬪6名と続き、その下に貴人、常在、答応などがあり、王妃という称号は使われない。

どちらのドラマも主人公は皇后となるが、「美しかったので皇帝の寵愛を受けました」という単純な物語ではない。主人公は、陰謀の渦巻く後宮で絶えず思慮をめぐらせ、ライバルの仕掛ける罠に陥ることなく、後宮で生きのびていった。したがって、「宿命の王妃」や「逆襲の王妃」というよりも「したたかな皇后」や「知恵と信念の皇后」のほうが内容に則している。ただし、それではシンデレラ物語という印象を与えられない。日本語で王妃と言えば、王子に見初められて結婚した女性であり、夫である王子の即位とともに王妃となる。シンデレラ物語におけるヒロインの社会的地位の上昇と成功

は常に夫次第なのである。

　シンデレラ物語にはいくつかの定番の設定がある。身分（財力）の違い、ヒロインの不幸な生い立ち、交通事故と記憶喪失などアクシデント、美人で金持ちのライバルの存在などのである。これらはヒロインの恋愛＝幸せを妨げる要素である。物語はヒロインが一つ一つの困難を克服しながら、最終的には幸せをつかみ取るところで終わる。物語でいう幸せとは、具体的には御曹司との結婚を指す【17-3】。

17-3　シンデレラ物語

　男女平等を原則とする学校教育の中では、女性も仕事を持つのが当然と言われていても、メディアの世界では若くて美しい女性たちがシンデレラとしてもてはやされている。現代社会は、多くのプリンセス商品で溢れているため、古いジェンダー規範のシンデレラ・コンプレックスを捨てるべきだと唱えてもむなしいだけである。教育の分野ではジェンダーも容姿も問わず勉強ができるのが望ましいとされる一方で、恋愛と消費の分野ではジェンダーと容姿が重視されるというダブルスタンダードが見られるのである。

シンデレラ体重

　シンデレラ体重になることは、一部では理想の女性への近道と見なされる。シンデレラ体重とは、身長（m）×身長（m）×20×0.9の計算式で産出される体重であり、女性のモデルやアイドルの多くがこの体重に当てはまる。例えば、身長158cmの女性のシンデレラ体重は、44.9kgとり、同身長の女性の標準体重54.9kgよりもずっと少ない。若い女性の多くは、自分の身長のシンデレラ体重を認識していて、常にダイエットしなければ！という強迫観念に駆られている。

　こうした点について授業で身体についてダイエットや食生活を中心に議論し、最終的には、身体について考えたことを自由に書きなさいとい

う課題を出した。授業のレポートで時々見られる「こういうことを書いておけばいいでしょ」といった安易なものはなく、どれも読みごたえのある文章であった。以下、部分的に抜粋したものを紹介したい。

　可愛い、かっこいいと何が良いのか。それが全てなのか、と言われるとそうではない。それでも、人はそうあることを求める。それは、尊敬され、チヤホヤされることに幸せを感じるからである。もちろん、可愛くなろう、カッコよくなりたいと努力するのは悪いことではない。ただ、周りが見えなくなったり、自分の健康を阻害してまで頑張ろうとするのは、本末転倒であり、幸せにはなれないと思う。

　社会に出て、ある程度経験を積んでいる大人たちは、細すぎるような人を好んでいるイメージはない。それは、結婚や将来のことも念頭に入れて恋愛をする歳になり、外見よりもその人自身のキャリアや内面の充実性を重視しているからではないかと考えられる。これを踏まえると、やはり人の魅力として大切になってくるのは、結局は内面なのだと考えられる。

称賛されるものが見た目から、痩せていることへの努力になった。痩せていなければ"怠惰"とさえ捉えられると感じる。しかし、その努力は"正しい"と称賛されているが、本当に生物として正しいことなのかと疑問を持たなければいけないと考えるようになった。

　（女性がダイエットや整形をしてきれいになりたいと思うこと）に共通していえることは、外見より中身が大事という認識の低さである。その考えを持つかは人それぞれだと思うが、私はこう考えた方が幸せになれると思う。外見の良さは若いうちだけだが中身の良さは死ぬまで残る。世界が外見より中身重視の世界になったらどれだけ幸せかと思う。

　共通して見られた感想は、「ヤセればかわいい」を自明の理としていたことの驚きである。改めて考えて見ると、シンデレラ体重なんて不可能なんだから、自分にとって快適な体重でもいい、という感想もあった。
　こうした外見至上主義への疑問が呈されるようになった一方で、努力至上主義への疑問はまだ聞いたこと

がない。

　学生たちはシンデレラ体重へ近づく努力およびそれを維持する努力を学生たちは非常に高く評価している。勉強やスポーツへの努力以上にダイエットへの努力をエライと考えているように見える。例えば、アイドル好きの学生は、「努力しているから好き」といったことを言う。その努力は歌やダンスのレッスンから、美容やダイエットに至るまで多岐に及ぶ。努力するアイドルを見て、「自分も頑張らなきゃ」と思うらしい。

　努力至上主義も学校教育の中で刷り込まれた価値観ではないだろうか。将来の夢を持つことは重要であるが、人にはできることとできないことがある。どうやっても到達できない理想を持つことは悲劇を招きかねない。

　理想に到達できない現実は、エゴフォビアとして表出し、さらには、他者への攻撃とつながってしまうこともある。

理想を手放す

　モテとヤセは自分自身を縛る呪いの言葉である。語呂がよくわかりやすい言葉であるため、現代のメディアでは頻出するが、モテない、ヤセていないというように否定的な文脈で使われる。妬みや自己嫌悪などの感情と隣り合わせの言葉であり、エゴフォビアの原因にもなっている。○○ていないという評価は相対的、すなわち、誰かと比べたときに自分自身が下すものである。比べる必要がないのに、誰かと比べて、○○ていないという劣等感にさいなまれる。

　では、どうすれば劣等感から解放されるのだろうか。最初に、自分が抱えている理想や規範に妥当なものであるかを検討してみよう。ひょっとしたらその理想は実現不可能なシロモノかもしれない。もし実現不可能であるならば、それを放棄してもよいだろう。無理な理想を放棄すれば、選択肢の多様性に気付くのではないだろうか。

◇ブックガイド

ぼくらの非モテ研究会（編著）『モテないけど生きてます――苦悩する男たちの当事者研究』青弓社、2020年。

◇**調べよう**

1. 非モテ（インセル）が原因とされ
   る犯罪について調べよう。
2. いつから人間はダイエットをする
   ようになったかを調べよう。
3. 若い頃の過剰なダイエットがもた
   らす身体への影響を調べよう。

◇**聞いてみよう**

1. モテとは何かを周囲の人に聞いて
   みよう。
2. 「モテれば人生バラ色」だと考える
   理由を周囲の人に聞いてみよう。
3. 同じように「ヤセれば人生バラ色」
   だと考える理由を周囲の人に聞い
   てみよう。

◇**考えよう**

メディアはなぜ実現不可能なモデルを
提示するのかを考えよう。

第4部
オーバー・フォビアズ
Over Phobias

18

食べ物からはじめよう
町中華と本格中華

横田浩一

町中華とは？

　近年、**町中華**（街中華）が注目されている（以下、表記は町中華に統一する）。町中華をタイトルに含んだ本や雑誌、ムックが数多く発売され、2019年4月からBS-TBSにて日本各地の町中華の店を訪ねてロケを行う『町中華で飲ろうぜ』が毎週月曜夜に放送されている（2021年1月現在）。また、エスビー食品からは「町中華シリーズ」という中華合わせ調味料【18-1】が発売されており、家庭で手軽に肉野菜炒めなどが作れることが商品の売りになっている。このように町中華という言葉は一般に浸透しつつある。では町中

18-1 町中華の合わせ調味料

華とは何だろうか。関連する書籍に目を通しても明確な定義はなされていない。しかし、最大公約数的な共通認識はあり、町中華は以下のような特徴を持っているとされる。

18-2　町中華の店舗

　まず、どこの町にも一軒はあるような大衆的な中華料理である【18-2】。メニューは、ラーメンやチャーハン、餃子、レバニラ炒め、肉野菜炒めなどが定番で、昼時の定食やセットメニューが充実していることが多い。場合によっては、カレーやカツ丼、オムライスがメニューに加えられていることもある。また、全体的に量が多いものの、定食やセット

メニューでも 1,000 円を超えること
はめったにない。チェーン店ではな
く、個人経営または共通の屋号を持
つのれん分けをされた店舗で、多く
の場合、経営者は日本人であり、料
理人を兼ねている。

　こういった町中華の店舗は高度経
済成長期に増加した。そのルーツと
して、戦前から営業していた中華料
理店、戦後の上京組、満洲からの引
揚者という大きく分けて 3 つがあ
ると考えられている。

　まず、戦前から営業していた中華
料理店は、日本人経営者のもとで中
国人料理人を雇い経営を始めたもの
が典型である。次に、戦後の上京組
は、当時人気を博していたラーメン
に目を付け経営を始めた人たちであ
る。最後の満洲からの引揚者は、満
洲に移住した人びとが帰国し、商売
を始めようとした際に満洲での生活
経験を生かして中華料理店を始めた
ケースである。

　これら三者が高度経済成長期に渾
然一体となって発展したことで、現
在のような日本社会に根付いた町中
華が形成された。近年、店主の高齢
化や後継者不足などによって町中華
の店舗は徐々に減りつつある。この
ような状況の下で、消えゆくものへ
のノスタルジーや、個人経営ならで

はのメニューや味付けの違いを楽し
むといった点に魅力を感じて食べ歩
きを行い記録に残している者もい
る。

　なお、なぜ「街中華」ではなく町
中華なのかについては、町中華ブー
ムの火付け役の一人であるライター
の下関マグロが「当時この言葉（引
用者注：街中華）でインターネット
検索すると横浜にある中華街が出て
きたこともあり、検索結果が出なか
った『町』にしました」と語っている。

本格中華、大陸系中華

　一方で、町中華と対極にあるのが
本格中華である。これは高級または
本場の中華料理を指す。都市部のホ
テルや商業施設のテナントまたは路
面店として店舗を構える。料理人は
中国系の者から日本人までさまざま
である。

　コース料理の価格は 5,000 円以上
からが主流で、香港や北京、上海な
どの一流店で修行してきた経歴を持
つシェフもいる。フカヒレの姿煮や
北京ダックなど高級食材を用い、手
間ひまを掛けて調理した一皿がメニ
ューを飾り、彩りを十分に考えられ
た優美な盛り付けも特徴となってい

る。今挙げたような高級食材を用いた料理だけではなく、餃子、小籠包やチャーハン、エビチリや麻婆豆腐などの日本で定番になっている料理も必ずと言っていいほどメニューに載っている。

本格中華と町中華の違いは、店構えや客層、メニュー、値段だけではない。本格中華では金華ハムや干し椎茸、鶏のスープなどの食材でダシを取り、それを基本スープとしてあらゆる料理に用いるが、町中華の多くは化学調味料を使用するといった点にも相違点がある。

近年本格中華とは別に、大陸系中華と呼ばれる店舗も増えている。これはニューカマーと言われる主に1980年代以降に来日した中国人によって経営される店である。料理人も店員もネイティブの中国人であり、そこで提供される料理は量が多く、味付けが濃い目の本場の味が多いと言われる（しかし、本場中国の料理がすべて濃い目の味付けだというわけではない）。

ただし、エビチリや焼き餃子などの日本でポピュラーな一品がメニューに含まれているなどの点で日本向けにローカライズされている部分がある。また、中国ではさほど一般的ではないご飯、一品料理、サラダ、

スープ、デザートまでがセットになった定食が多くの店で提供されている点でも日本人の好みに合わせていると言えるだろう。さらに、大陸系中華に限ったことではないが、日本人の好みに合わない鶏の足や動物の内臓、パクチーや八角などのハーブや香辛料を使わない（あるいは、控え目にする）ようにしていることが多い。これらは日本の食文化ではあまり用いられない食材・調味料であり、生理的忌避感（フォビア）または食感、臭い等の点で違和感をもたらす可能性があるため提供されることが少ない。

この大陸系中華にはメニューや外観、内装などに一定の共通性があり、国道沿いの元コンビニエンスストアの建物をそのまま利用する形で営業しているケースもある。大陸系中華は在日華人の元締めのもとでフランチャイズ形式をとって出店していることもあるとされている。

中国料理

これまで中国の料理を説明するときにこの章では**中華**または**中華料理**という言葉を用いてきた。一方で**中国料理**という呼び名もある。インタ

ーネット上で両者をキーワード検索にかけると、中華料理は町中華のような大衆的な店であり、日本でローカライズされた日本人向けの中国の料理、中国料理は中国で中国人が食べているような本格中華や高級中華を指すといった解説を目にする。しかし、歴史をたどってみると話はそう単純ではない。

まず、日本における中国の料理の名称は、日中戦争後（1945年以降）に「**支那料理**」から「中華料理」へと変わった。その後、1961年頃から中国風の簡易な麺や惣菜などを売る個人商店がみな中華料理と名乗っていたので、それらと差別化するために新たに開業した本格的な料理を提供する店が中国料理と名乗って差別化を図った。つまり、ここでは高級料理と大衆料理の区別が行われたのである。

しかしその後、1990年代以降は再び日常的に中華料理の方が用いられるようになり、1960年代に生まれた中国料理＝高級で本格的、中華料理＝廉価で大衆的という区別が忘れられ、両者の区別は曖昧になる。

そして、近年になってかつての中国料理＝高級と中華料理＝廉価の差別化の歴史が突然思い出されたかのように復活した。さらに現在では、

中国や韓国などの人びとから見て、日本人の味覚に合わせて日本化した中国の料理を中華料理と呼ぶこともあり、両者の区別はより複雑になった。つまりここでは、高級か大衆向きかという区別に加えて、日本人向けか本場のものかという内外の区別がされるようになっており、中国料理＝高級・本場、中華料理＝廉価・日本化という区分が一般化している。

中国の中国料理

では、中国では実際にどのような中国料理が存在するのだろうか。中国大陸で一般的な自国料理の区分に「八大料理」というのがある。八大料理とは、北京料理、山東料理、江蘇料理、安徽料理、四川料理、湖南料理、福建料理、広東料理【18-3】の8種類の料理を指す。大まかに説明すると、湖南料理や四川料理などの内陸部の料理は唐辛子などの香辛料を用いた辛いものが多いが、沿海部はあまり香辛料を多量に使わず辛い料理は少ない。北京料理や山東料理などの北方の料理は味が濃く、広東、福建などの南部の料理は薄味である。江蘇料理は甘辛い味付けに、

安徽料理は濃い目の醤油味に特徴がある。

18-3　広東料理の点心

　上記の八大料理を包括する総称は中国語で「中国菜」と言う（ここでの「菜」は料理という意味）。しかし料理のジャンルとして「中国菜」という言葉が使われる日常的な場面は少ない。例えば、「中国菜を食べに行こう」といった会話はあまりなされず、「中国菜」という看板を掲げた店はほとんどない。具体的な四川料理や広東料理などのような地域名と結びついた名称が用いられることがほとんどである。これは料理が細分化され、その細分化された知識を顧客も持っているため、総称としての「中国菜」は日本料理のような外国料理と比較する際に用いられることが多いためである。

　このように中国では料理のジャンルとしての中国料理が存在しないため、インバウンドで日本に来た中国人観光客の目から見ると日本の中華料理店は奇妙に映る。第一に、中国には中国各地域の料理をまとめた中華料理・中国料理というジャンルがないため、このジャンルそのものが奇妙である。第二に、例えば、広東料理の看板を掲げた店のメニューに麻婆豆腐と春巻きが同時に掲載されている点である。麻婆豆腐は四川料理で春巻きは広東料理であるため、異なる地域の料理が同じ店舗で提供されることは中国ではまずない。これは、日本では中華料理は細分化されておらず、またお客さんの中華料理イメージもそれほど豊富ではないため、皆が知っている中華料理をすべてメニューに並べることで、顧客の要求に応えているためだと考えられる。一方で中国の日本料理も細分化されておらず、焼き鳥から寿司、ラーメン、天ぷらなど**日本料理**と書いてあっても**和食ファミレス**のような品揃えの店が多い【18-4】。これも現地のニーズに合わせた結果であり、多くの中国人がイメージする日本料理の品揃えをなるべく満たそうと考えたためだろう。

18-4　中国の日本料理店

このような中国の中国料理の内実を知ると、「中国料理」の意味に日本の高級中華が含まれている点で違和感が生じてくる。なぜなら、高級中華であったとしてもメニュー上では中国の二つ以上の地域の料理が渾然一体となっており、これはあくまで日本向けにアレンジされた中国の料理にすぎないためである。また、使用される食材や調味料についても日本人の好みに合わせていることが多い。そのため、中華料理と中国料理の区別に本場のものかどうかという基準を持ち込むのは不毛だと言えるだろう。

では、なぜこの両者が区別されるようになったのだろうか。その背景には、中華圏の料理チェーンが日本に進出し本場の味を売りにしていること、インバウンドの中国人観光客の増加により、日本の中華料理という独特なジャンルが広く知られるようになったことが要因として考えられる。

料理のグローカル化

以上のように、中華料理と中国料理を厳密に区分することはあまり意味がないと筆者は考えるが、日本の中国料理が日本人向けにアレンジされていること自体を批判しているわけではない。なぜなら、料理とはそういうものだからである。これについて**グローカル化**から考えてみよう。

グローカル化とは、グローバル化（人やモノ、情報などが技術革新によってこれまで考えられなかったような地球的規模で大量かつ迅速に移動し、地球全体が一体化するかのような現象）とローカル化（現地化）が同時に起こり、両者の間で相互作用や緊張関係が生まれることを指している。料理のグローカル化と言った場合、ある料理が異なる食文化を持つ地域に流入し発展する際に、完全にオリジナルのままであることはなく、なんらかの形で現地の好みやニーズに合わせた形態に変化していくことを意味している。そして興味深いのは、ローカル化した料理がオリジナルの方に影響を与えることもあ

る側面である。

　このような事例としてよく知られているのは、テリヤキバーガーやカリフォルニアロールである。テリヤキバーガーは日本のハンバーガーチェーンで生み出した商品だが、現在ではアメリカでも販売されている。また、海苔を外側ではなく内側に巻く特徴を持つカリフォルニアロールは日本の寿司店でもメニューに加えられていることがある。

　中華料理で見てみると、日本でローカル化し日本オリジナルな中華料理の一品として天津飯や中華丼、レバニラ炒めなどが挙げられる。これらは明らかに中国にはない料理である。焼き餃子も日本で発展した料理であり、中国で「餃子」と言った場合普通は「水餃子」を指す【18-5】。焼き餃子もあるが、水餃子ほど一般的ではない。また、中国にも回鍋肉（ホイコーロー）はあり、元は葉ニンニクを使っていた。しかし、四川料理のシェフ・陳建民が日本で回鍋肉をメニューに加える際に、当時は葉ニンニクが手に入らなかったのでキャベツを入れたのがキャベツ入り回鍋肉の始まりだとされている。現在ではこのキャベツ入り回鍋肉が中国にも逆輸入され、中国でもキャベツ入り回鍋肉を提供するレストラン

18-5　水餃子

18-6　町中華の広東麺

もある。

　中華料理のグローカル化を考える上で最も分かりやすいのはラーメンだろう【18-6】。日本のラーメンの起源には諸説があるが、中国から来たことは疑いない。近年、中国にも日本のラーメンチェーンが進出しており現地で高い人気を得ている。さらに香港では、日本のラーメン店で

修行した香港人がラーメン店を開いて繁盛するなど、中国発祥のラーメンは日本でローカル化する過程で料理としての表現の幅が拡がり、中国の食文化に影響を与えるようになっている。

食べ物からはじめよう

　町中華と本格中華を軸に中国の料理について考えてみると**本格**という言葉の意味について考えざるを得ない。そして、日本の中国料理では町中華に対する本格中華や中華料理に対する中国料理という言葉でそれが表現されていた。では何をもって本格というのか考察すると、高価、高級、手間ひまを掛けているという意味以外に、日本化されていない本場のものという意味が含まれていたことがわかった。

　これに対して、現在の町中華ブームという現象は、本格を追究するのではなく、日本社会に根付いたローカル化した中国の料理を面白がり愛でる対象とする点で興味深い。現地化した料理を「本場とは違う」、「安物」として一段低いものとみなすのではなく、肯定的に評価しているからである。

　近年、中国に対して否定的な見方をする学生が多くいると授業を通じた学生の反応から感じる。それは、中国共産党政権の強権的な対外政策に対する反感や、インバウンドで増加した中国人観光客に接して乗り越えがたい文化的な差異を感じたためといった要因が考えられる。一方で中国の食文化について授業で取り上げると思いのほか好意的な反応が多いだけでなく、リアクションペーパーの熱量も他のトピックを取り上げた授業の回とは明らかに異なる。多くの学生は食に対する関心が非常に高く、中国の料理自体が日本社会へ浸透しているため、身近な対象として興味を持って捉えることができるのだと思われる。

　異文化に対するフォビアを乗り越えるために食というのはとっつきやすい対象である。食を通じて異文化を理解しようとする際に、単に食べたり飲んだりするだけではなく（それだけでも十分楽しいが）、その背景となる文化交流史などにも目を向けてみればより一層楽しくなり、理解も深まるはずである。

◇参考文献

岩間一弘編『中国料理と近現代日本—食と嗜好の文化交流史』慶應義塾大学出版会、2019 年。

北尾トロ『夕陽に赤い町中華』集英社インターナショナル、2019 年。

下関マグロ https://urbanlife.tokyo/post/50170/（「電車に乗って行くのはNG」町中華ブームを作った張本人が語る、本当の楽しみ方とは）2021 年 1 月 20 日閲覧。

鈴木隆祐　2015『愛しの街場中華 「東京 B 級グルメ放浪」2』光文社。

◇調べよう

1. 町中華、本格中華どちらでも良いので、特定の中華料理店を取り上げ、その歴史を調べてみよう。

2. その店舗に行って、どんな料理でメニューが構成されているのか調べて実際に食べてみよう。

◇聞いてみよう

身近な人にインタビューしてみよう。

「『中華料理』と聞いてイメージする料理は何ですか」

「その料理が日本で食べられるようになった背景にどんな歴史があったのでしょうか」

◇考えよう

グローカル化された料理は他にはどんなものがあるか考えてみよう。

とりあえず行ってみます
多文化共生イベント＆スポット

小磯千尋

日本に暮らす外国人は 2020 年 6 月の統計によれば、およそ 288 万人である。特に東京近辺への集住が進んでいる。東京のエリアには「リトル〜」と呼ばれるエリアが何か所もあり、東京に居ながらにして多国籍文化に触れることができる。ここでは、その一部を紹介したい。まずは、ネットで情報を収集してから、その場に足を運び、異なる文化に身を委ねてみよう。

ナマステ・インディア

19-1　ナマステインディア

2019 年に 27 回目を迎えた日本最大規模のインドフェスティバル、「ナマステ・インディア」。会場は隅田リバーサイドホール、築地本願寺を経て、今では代々木公園での一大イベントとなっている【19-1】。

冷戦が終わり、1991 年に経済開放政策に転じたインド政府に対し、日本商工会議所は日本企業のインド進出を推進していくが、国際社会からみると大幅に出遅れていた。相手

国の文化を知ること、好きになることが経済交流には不可欠と考え、インドを丸ごと知るイベントとして「ナマステ・インディア」が、1993 年から開催されるようになった。2011 年にはインド大使館から、インド国外では「世界一のインド祭」とお墨付きをもらうにいたった。

会場では、インドを丸ごと体験できる多様で楽しいイベントが目白押しである。ステージでは、バラタナ

ーティヤムをはじめとするインド古典舞踊各種、ボリウッド（ムービー）ダンス、シタールやヴィーナなどの古典音楽公演が行われる。毎年インド文化関係評議会（ICCR）派遣のグループが華やかにフィナーレを飾るのが恒例となっている。

そのほか、サーリーの着付け、ヨーガ、アーユルヴェーダ体験、メヘンディー（ヘナ・アート）、インド関連書籍フェア、インド工芸品のバザール、スパイス、紅茶コーナー、インドレストランの出店、観光・旅行ブースが並ぶ。 文化スペースにあるセミナーハウスでは、インドに関するさまざまな講演、ヨーガのレクチャーとデモンストレーション、インド古典舞踊のワークショップなどが行われている。

「象の広場」、「フォークアートの広場」、「大人と子どもの広場」と銘打ったセクションでは、日印の文化交流の新しい動きが紹介され、生のインド文化に触れることができる。

軒を連ねるブースでは、最新のインド映画の情報、インドに関係するNPO、NGO の活動が紹介されている。東日本大震災の後、インドのレスキュー隊46 名が現地支援に入ったことを機に交流が続き、2015年からは女川町ハウスも参加してい

る。そのほか、（公財）日印協会をはじめとするインド関係の団体、インド政府観光局、エア・インディア、バンクオブインディア、ステートバンクオブインディアなどのブースもみられる。

「ナマステ・インディア」の目玉ともいえるエア・インディア提供インド往復チケット他、盛り沢山の賞品が当たる抽選会も見逃せない。

同様のインド関連イベントは、関西では神戸のメリケンパークで開催される「インディア・メーラーIndia Mela」が知られている。

江戸川インド文化センター ヒンドゥー寺院併設

近年、江戸川区の葛西・西葛西はIT 関連企業で働くインド人が集住する地として知られている。実際、西葛西駅に降り立つと、自転車に子供を乗せて走るインド人女性や家族連れを多数目にする。現在江戸川区に暮らすインド人は 5000 人を超えるといわれている。

「江戸川区にインド人区議会議員が誕生！」と各種メディアの話題をさらってから 2 年【19-2】。「よぎさん」の愛称で知られるヨーゲンドラ・プラーニックさんは、流暢な日

19-2 よぎさん

19-3 江戸川インド文化センター

本語を操る陽気で人を引き付ける魅力をもった人物だ。現在43歳。日本滞在は20年を超える。江戸川区の団地で、会社勤めをしながらシングルファーザーとして子育て、PTA活動、自治会活動などに積極的にかかわってきた。多文化共生の生き字引のような人物である。ご子息の学校でのいじめ問題や団地内でのゴミの分別をめぐるインド人と日本人の断絶から、腰を据えて話し合うことと、相手の文化を知ることの重要性を実感したという。自治会の祭りの手伝いや実行委員を買ってでて、日本人と積極的に交流を続けた。

よぎさんは、2011年の東日本大震災を機に、年々増加する在日インド人のサポートのための組織「全日本インド人協会（AJAI）」を立ち上げ、初代会長を務めた。現在はインド中西部マハーラーシュトラ地方の家庭料理を提供するインド料理レストラン「レカ」の経営と、区議会議員の仕事に追われる日々である。また、自宅ビル内に併設された江戸川インド文化センターでは、インドの文化、宗教、美術、音楽、言語を理解するためのイベントや講座が開かれている。センター内には伝統的な手法で鋳造されたガネーシャ神の像が安置された神棚があり、日々の礼拝や祭りも行われている。インドの楽器や衣装も展示されており【19-3】、丸ごとインドを体感できる。

東京ミターイー・ワーラー（スイーツ店）西葛西

インド人が多く暮らす西葛西にあるインドのスイーツや軽食を扱う店。1階には美しくディスプレイされたインドのスイーツが並び、2階がイートインコーナーとなっている【19-4】。インド料理店は日本全国

津々浦々に展開しているが、インド
の菓子や軽食を扱う店は珍しい。イ
ンドの専門の菓子職人が作るスイー
ツの数々は、在日インド人にとっ
て、なくてはならないものとなって
いる。インドでは一般的なチョー
レー・バトーレー（ヒヨコマメのカ
レーと大きな揚げパン）、パオ・バー
ジー（パンとピューレ状の野菜のカ
レー）、ゴール・ガッペー（ピンポン玉
大の揚げパンにタレをかけたもの）が
手軽に楽しめる。素焼きのカップで
出されるチャーイが旅情をかきたて
てくれる。インド人のカップルや家
族連れがひっきりなしに訪れ、まる
でインドにいる気分に浸ることがで
きる。お店の人にスイートや軽食に
ついて質問すると丁寧に答えてくれ
る。

19-4　東京ミターイー・ワーラー

東京マラーティー・マンダル（東京マハーラーシュトラ州親睦会）

IT関連の企業で働くインド、マ
ハーラーシュトラ州出身者の組織。
彼らの多くが暮らす江戸川区西葛西
近辺のホールなどでマハーラーシュ
トラの伝統的祭りを祝ったり、音
楽会、映画鑑賞会などを行ってい
る。主な祭りは、「マカラ・サンク
ランテイー（冬至の祭り）」、「グディー
ー・パールヴァー（ヒンドゥー暦の
新年）」、マハーラーシュトラで盛大
に祝われる「ガネーシャ生誕祭」で
ある。詳細はウェブサイトでチェッ
クして、事前に情報を得て欲しい。

グルドゥワーラー（シク教の寺院）、グル・ナーナク・ダルバールの礼拝とランガル（施食）

シク教には、「宗教、カースト、
肌の色、信条、社会的地位に関係な
く、すべての人々は平等である」と
いう教義があり、宗教に関係なく誰
でも祈りに参加することができる。
また、シク教の真骨頂ともいえる、
ランガルという無料食事会にも誰で
も参加できる。日本では神戸と東京
茗荷谷の2か所のみである【19-5】。
ここでは、茗荷谷のグルドゥワー

ラーで隔週の日曜日に行われるラン
ガルを紹介する。

　グルドゥワーラーに入ったら、靴
と靴下を脱いで、手と足を洗う。そ
して、礼拝室の入り口に置いてある
黄色の被り物で頭を覆う。被り方な
どはシク教徒のかたが親切に教えて
くれるので心配ない。続いて礼拝室
に入る。男性は左、女性は右に分か
れて座る。奥の聖典の前に座る男性
の導きで賛歌が歌われる。鉦をたた
く人、よく響く声でリードする女性
に続いて他の信徒は唱和する。礼拝
が終わると甘いプラサード（おさが
り）が配られる。いよいよランガル
である。

　ステンレス製の皿が配られ、配膳
が始まる。バケツに入れられた料理
に戸惑うかもしれないが、大勢への
配膳を効率よく行うためには一番の
容器である。ダール（豆カレー）、チ
ャパーティー、プラーオ（炊き込み
ご飯）、野菜のスパイス炒めなどを
手分けして次々に配膳してくれる。
シク教徒は菜食者ではないが、ラン
ガルでは菜食料理のみが供される。
食事を共にすることの意味を考える
いい機会となるだろう。

　シク教の総本山であるインドのア
ムリツァルにある黄金寺院（ハリ・
マンディル・サーヒーブ）では、毎日

19-5　グルドゥワーラーでの
礼拝の注意書き

10万食分の食事が信者たちの手で
作られている。そのようすはドキュ
メンタリー映画『聖者たちの食卓』
に詳しい。

ジャイナ教徒の宝石店、御徒町

　インド独自の宗教ジャイナ教は、
仏教と同時期にインドで興った「不
殺生」と「無所有」を厳格に課す宗
教である。現在インド人口全体の
0.4パーセントの信徒数であるにも
かかわらず、インド経済界で存在感
を発揮している。

　ジャイナ教はその厳しい戒律のた
めに、従事できる職業も限定されて
いる。物の所有や蓄積は忌避される
ため、流通貿易に携わるのがジャイ
ナ教徒の働き方となり、宝石商はそ
の雛形となった。神戸には真珠のビ

ジネスに従事するジャイナ教徒のコミュニティが存在するが、東京では御徒町に集中する。

　その御徒町にある完全菜食レストラン「ヴェジハーブ・サーガ」は、近くで宝石店を営むラージャ・ラージグルさんが、自分と同じジャイナ教徒のために開いたレストランだ。ジャイナ教徒の戒律によれば、土中の作物（ジャガイモ、ニンジン、玉ねぎなど）は虫を殺める可能性がある（または生命の源である）ために食べない。完全菜食よりももっと厳格な食規制となる。厳選された素材と、根菜類を用いない完全菜食の料理を一度味わってみたい。

モスクへ行こう　東京ジャーミイ・トルコ文化センター

　新宿から小田急線に乗って代々木上原駅を過ぎると、右手に壮麗なドームとミナレット（尖塔）が見える【19-6】。これは代々木上原駅より徒歩5分にある東京ジャーミイ・トルコ文化センターである。この地にモスクが建てられたのは1938年、当時は「東京回教礼拝堂」と呼ばれていた。建物の老朽化にともない、新たなモスクが再建されたのが2000年である。今では東京の隠れた観光スポットとしても知られている。トルコの伝統建築様式にのっとって設計された建物はもちろん、外装や内装の装飾タイルやステンドグラスもトルコの職人の手によるものだという。床の大理石をはじめ、美しい絨毯やシャンデリアもすべてトルコ製である【19-7】。

　東京ジャーミイでは開館時間（午前10時から午後6時、年中無休）中館内を自由に見学することができる。集団礼拝が行われる金曜日のみ午後2時以降のみ見学可能である。礼拝の行われる時間には、礼拝の様子も見学できる。その際、女性は女性専用の3階の礼拝コーナーに座って見学するといい。

　館内には日本語のイスラーム関連の書籍を集めた売店や、ハラール食品を扱う食品店も併設され、トルココーヒーやトルコのお菓子、中央アジアのサモサなどが味わえる。トルコから直輸入のゴマのペーストやベリーのジャムなどお手頃な値段で買える。圧巻なのは、ハラール認証が印刷されたインスタント・ラーメンの数々である。モスクを訪れるムスリムの人たちも国際色豊かである。声をかけて出身地を尋ねてみるのもいいだろう。

　また、土曜・日曜・祝日の午後2

19-6　東京ジャーミイ　　　　　　　19-7　東京ジャーミイの礼拝所

時30分から見学ツアーも開催されている。日本人ムスリムの下山さんによる熱いガイドが付く。日頃疑問に思っているイスラームについての質問を投げかけると、丁寧で分かり易い解説が返ってくる。

　ラマダーン（断食）月には毎日、日没と同時にイフタールという断食明けの食事会が開かれ、これには誰でも参加できる。

　ただし、モスクはイスラーム教徒の人たちが礼拝する神聖な場所であることを忘れないようにしたい。訪れる際は、服装にも注意して欲しい。女性は、長そで・長ズボン・ロングスカート（足首まで隠れるもの）

など、肌の露出の少ない服装。また、髪をおおうストールかスカーフ（色・柄・形は不問）を持参しよう。男性も、ハーフパンツやタンクトップは避けたい。

東京復活大聖堂教会（ニコライ堂）

　JR中央線・総武線のお茶の水駅の聖橋口を出て2分ほどのところにあるロシア正教会の聖堂は「ニコライ堂」の名前で親しまれてきたが、正式名称は「東京復活大聖堂教会」という【19-8】。「ニコライ堂」は、ロシア人宣教師でのちに大主教とな

ったニコライ大主教に由来する。火曜日〜金曜日の午前7時半および午後5時に、聖堂入口右側の洗礼聖堂にて小さなお祈りが行なわれており、誰でも参加できる。ロシア正教会の厳かな礼拝の雰囲気を肌で感じることができる。また、信徒の結婚式や葬儀もここで執り行われている。

多国籍な町、新大久保

JR新大久保駅に降り立つとそこはまるでアジアの未来都市。タイ語、ベトナム語、中国語、韓国語、ビルマ語などが飛び交い、多国籍な店が並ぶ。新大久保というとコリアン・タウンのイメージが強い。実際、大久保通り沿いには、韓国のコスメや雑貨、軽食店が並び、歩道は若者であふれている。店の看板はハング

ルで書かれており、ソウルの明洞かと見紛うほどだ。

新大久保駅を挟んでコリアン通りと反対側の路地を入ると【19-9】、バングラデシュの食材店や、ネパールのモモの店、インドのスパイス店、ベトナムのカフェと多国籍な店が点在し、日本の果物店や日本語学校などもある。町を歩くだけで、アジアの空気に包まれる。

リトル・ヤンゴン、高田馬場

近年、高田馬場にはミャンマー料理の店が増えている（およそ15店

19-8　ニコライ堂

19-9　新大久保

舗）。高田馬場周辺には 4,000 人以上（日本全体では 2 万 5 千人）のミャンマーの人々が暮らしている。ミャンマーの人たちがよく集うレストラン、ルビー Ruby でミャンマーの家庭料理を味わってみよう。ミャンマーのラペットゥッという発酵茶葉のサラダやモヒンガーという麺を試してみたい。高田馬場周辺に点在するミャンマー料理店はもともとミャンマー人向けに営業していた店が多いため、今もミャンマーの人たちの情報交換の場となっており、ミャンマーの人たちと直接触れ合うことができる。

また、高田馬場には NPO 法人「日本・ミャンマーカルチャーセンター」（2002 年設立）があり、ミャンマー語の講座や、文化紹介イベントの企画、ミャンマー人への支援などを行っている。ウェブサイトをチェックして、イベントに参加してみよう。

リトル・エチオピア、葛飾区四ツ木

都内に暮らすエチオピア人は 160 人余りだというが、その半数近い 80 人が、葛飾区に住んでいる。下町情緒が漂う、四ツ木駅近くにある 1DK の古いアパートの 1 室が、NPO 法人「アディアベバ・エチオピア協会」の事務局である。協会は日本人との交流会を年に 3 回開催し、エチオピアの料理や文化を紹介している。エチオピア人だけで固まってコミュニティを作らないように心がけているという。

四ツ木に暮らすエチオピア人は多いが、エチオピアレストランは少ない。唯一、リトルエチオピア　レストラン＆バーが数年前にオープンした。ここでは、エチオピア人と日本人が一緒にお酒を楽しんでいる。エチオピアのインジェラという発酵したクレープ状の主食を試したい。

◇ **ブックガイド**

小村明子『日本のイスラーム ── 歴史・宗教・文化を読み解く』朝日選書、2019 年。

瀧井宏臣『モスクへおいでよ』小峰書店、2018 年。

中島隆博他編『社寺会堂から探る江戸東京の精神文化』勁草書房、2020 年。

◇ **調べよう**

東京以外に外国人が多く暮らす地域を

調べてみよう。

◇**聞いてみよう**

出会った外国の人に聞いてみよう。

「何年日本に暮らしていますか？」

「生活するうえで戸惑ったことはあり

ますか？」

「日本の好きなところ、嫌いなところを

教えてください」などなど。

◇**考えよう**

異なる習慣や文化背景をもった人たち

が理解を深めるためには何が大切か。

東京23区地図

出会いはどこにでもあります
国際結婚

戴寧

広まるハーフのイメージ

　国境を越えて複数の文化の間を往来する人々、国際児の認知度は近年高まりつつある。いわゆる**ハーフ**のタレントやスポーツ選手が日本語を流暢に話し、テレビで活躍し始めて久しい。マスメディアによって国際結婚はかつてのネガティブなイメージを払拭し、フォビアを越えていこうとしている。また、住宅地のスーパーマーケットや、学校・職場など、日常生活の場においても国際結婚カップルや国際児は日本人にとって身近な存在になっている。ここでは、国際結婚が日本社会でいかに解釈され、受け入れられているのか、そのプロセスを探ってみよう。

国際結婚と国内結婚

　統計データだけを手掛かりとするなら、国際結婚のカップル数はさほど増えていない。なぜなら、日本において国際結婚は「国籍の異な

る男女が結婚すること」を意味する、極めて限定的な言葉だからである。他国でこれに似た概念を挙げるならば、越境結婚（cross-border marriage）、異文化間結婚（cross-cultural marriage）などがあるが、これらは「国籍、民族、宗教などが異なる男女の結婚」を意味する。ところが日本語で言う国際結婚は、文化背景の差異は考慮しておらず、国籍だけを基準とする狭小な概念である。しかし、国際結婚の実態が社会全体から正しく認識されるためには、国籍の差異に注目するだけでは不十分である。

　詳細は後述するが、国際結婚が日本人同士の**結婚**と違うのは、国籍の違いだけに由来するものではない。言語、文化的習慣と生活様式が異なれば、生活環境や考え方も多少異なる。言語生活など様々な違いの中で、国籍の違いはそのうちの一つに過ぎない。国籍の違いをもって国際をことさらに強調するのは様々な問題を孕み、国際結婚に対するフォビアを生みかねないのである。仮に国

籍だけを基準にする**国際結婚**が成立するのならば、日本国籍同士の結婚は**国内結婚**と呼んでもいいことになる。しかしここでなされているのは、国際結婚カップルの間に何が異なるのか、またいかに乗り越えられるかという議論でもなければ、日本人同士の結婚は言語、文化的習慣や生活様式の差異がさほどないから比較的に順調であるという話でもない。

　国際結婚においても、普通の結婚と同様、赤の他人が同じ屋根の下で暮らすのは簡単なことではない。価値観の差異は国際結婚に顕著に見られるものの、これは国際結婚に固有の問題とは言い難い。

　日本人と国際結婚した外国人は日本語が話せない、日本文化を理解できないなど否定的なイメージがつきやすい、フォビアを引き起こす対象になりやすいのは当事者の生活実態を踏まえず国籍だけでカテゴライズするからである。

　そもそも、国内においても見えないところに越境結婚や異文化結婚は多くある。仕事や子育ての関係で外国籍に帰化する日本人もいれば、逆に日本国籍を取得する外国人もいるため、統計は必ずしも全体像を反映しているわけではない。

　日本人同士の結婚の場合、結婚後の住居や住民票の登録先が問題となる。実は国際結婚の場合もその範囲が変わるだけで、仕事先との距離、子どもの教育、親の介護など十分配慮した上で決断がなされる点で本質的には変わりがない。もはや日本人／外国人、国際結婚／国内結婚という線引きをするのが難しい。現に国際結婚カップルの中で、複数国籍をもつ日本人・日本国籍をもつ元外国人は実に100万人以上に上る。かれらに言わせれば、結婚した相手がたまたま外国人だっただけに過ぎない。

　以上のように、国際結婚という言葉の限界、つまり現実の実態とかけ離れているという問題点を確認した上で、あえて本章では、これまでの日本において国際結婚がどのように扱われてきたのかを捉えていくこととする。

『ダーリンは外国人』

　数多くのメディア作品のイメージから、外国人と結婚すれば、海外でセレブな生活を送れる、もしくは子どもが可愛くてバイリンガルとして将来が有望に違いないと幻想を抱く

人は、依然少なくない。

　ところが逆に興味を持って調べていくと、文化の壁をしばしば越えられないことや言語には臨界点があるなど、失敗談をつぶやく当事者の声に突き当たり、やはり自分にはハードルが高いと嘆くことになる。いずれにしても、このような偏ったイメージは国際結婚や国際結婚を選ぶ本人たちを誤解し、やがて抑圧する力に一転してしまう。

　そうした偏った理解を回避するために何ができるのか。これは筆者を含む、国際結婚をテーマに据える研究者に課せられた問いである。スポットライトが当たり、脚光を浴びるところには必ず影が伴うものだ。

　国際結婚という言葉が急速に広まり、注目を集めるようになったのは2000年以降だった。その背景には国際結婚を描く映画作品の普及や、入国法の改定、などがある。マスメディアに取り上げられることで、国際結婚の印象が大きく左右されてきた。なので映画を例にマスメディアでの言及について振り返ってみる。まず、当時話題となったのは『ダーリンは外国人』である。

　この作品は、2002年に出版されたマンガを原作に映画化したもので、2010年4月に上映された。上映当初は「ド肝抜かれるほど、幸せな日々」というキャッチコピーが話題となり、女性を中心に人気を博した。ストーリーは、イラストレーターの日本人女性とアメリカ人男性との結婚生活のなかにあるささいな行き違いやカルチャーショックを中心に描くラブコメディである。演出も優れており、主人公たちの家で使われる家具や食器の可愛さ、劇中の心躍る音楽、ほのぼのとした印象を与える照明などが本作品を映像作品としても印象深いものにしている。国際結婚と幸せな日々の間には因果関係があるように解釈される可能性を孕んでいる。

　とはいえ、『ダーリンは外国人』のように妻が日本人で夫が外国人のカップルの数は国際結婚全体のうちわずか3割にすぎない。国際結婚の大半は、中国や韓国、フィリピンなどのアジア出身の女性が日本人男性と結婚するケースである。2013年以降、毎年20万組の国際結婚が登録されており、そのうち、3分の2は日本人夫と外国人妻の組み合わせである。つまり、実態では日本人女性より日本人男性が国際結婚することの方が圧倒的に多いのである。

　そうした日本人男性の国際結婚を取りあげた映画として思い出される

のが、映画『ダーリンは外国人』が
上映された少し前、小説『スクー
ル』をもとに改編された『恋するト
マト：クマインカナバー』、略して『恋
トマ』であろう。

　農村地域を舞台に、主人公であ
る50代独身男性の婚活をテーマに
描いたこの作品は、当時の農村部に
おける人手や後継ぎの不足、嫁不足
や過疎化などの問題を浮き彫りにし
た。主人公が結婚詐欺にあったの
ち、国境を越えて別のフィリピン人
女性と恋に落ちるという展開から、
日本とフィリピンの両国が抱える深
刻な社会問題を等身大に描写した。
『恋トマ』は2000年代に公開され
た映画であるが、劇中に登場する物
語は1980年代から90年代前後の
国際結婚に見られる傾向である仲介
業の斡旋する**アジア花嫁**への描写で
ある。彼女たちの生活をリアルに再
現する作品だった。

規範の押し付け

　こうした国際結婚は、日本人同士
の国内結婚とは共通点があるもの
の、異なる文化的背景を持つ二人の
差異があればあるほど結婚に付随す
る諸問題が顕著に表れる。日本人同

20-1　規範の押し付け

士の結婚の場合、多少の地域差や男
女差があるにしても、同じ教育シス
テムのなかで育ってきている。その
ため、いわゆる「**日本人の常識**」や
「**日本人らしい**」行動規範は重なり
合う部分が多い【20-1】。

　しかし、国際結婚のカップルは前
提となる社会的常識や言語のニュア
ンスにズレがあるために、日本人同
士の間では表面化しない問題が生じ
るようになる。そうした摩擦を通じ
て、かれらは自分自身が慣れ親しん
だ**ふつう**はあくまで自分の側のルー
ルに過ぎないことに気づく。国際結
婚の場合、そうした試行錯誤の連続
を通して**日本人**としての行動規範を
普遍の常識として相手に押し付ける
のではなく、日本人である自分を再
認識し、内省するようになる。文化
的な背景の異なる二人が歩み寄りを
重ねていくうちにそれが秩序化さ

れ、やがてその家庭独自のルールに
なっていく。

　このように、当事者たちは互いの
常識を押し付け合わないことで多く
の問題を解決できる。一方で、当事
者間で周囲から絶えまなく日本人と
しての常識や日本人らしい行動規範
を求められもする。こうした周囲の
目がフォビアを引き起こす原因の一
つと考えられる。日本人らしい行動
規範が日本社会のスタンダードとし
て根付いているために、国際結婚の
多様性がそれらのスタンダードを揺
さぶる脅威として認識され、フォビ
アを引き起こす対象となりがちなの
である。

　しかし、不確実で多様な側面を持
つのは国際結婚ばかりではない。日
本の婚姻形態そのものや結婚に対す
る社会の認識もまた、時代背景に応
じて移ろうものである。**越境**の境目
を捉えなおし、**異質**とされるものも
相対的なものであると受け入れるこ
とは、決して既存の常識を脅かす行
為ではない。むしろ、凝り固まった
常識の枠を超え、まさに**ニューノー
マル**を作る行為なのだ。

　国際結婚に関する問題を理解しよ
うと、それらの問題を単純化したり
一般化したりする傾向があるが、マ
スメディアの情報や学術研究のみな
らず、当事者たちの声に耳を傾ける
ことも必要だ。しかし、ただ声を聞
いただけではそれらが意図する文脈
を理解するに至らない時もある。表
面的な発言を聞き取るだけでは実態
を正確に理解することができないた
め、そうした文脈を丁寧に紐解いて
いく作業が不可欠になる。

国際結婚の歴史

　国際結婚が今後どのように変化し
うるのかを知るために、まずその歴
史を辿ってみよう。時代背景によっ
てその変化の特徴が大きく異なる。

　国際結婚の歴史はそう長くない。
1873 年 3 月 14 日に明治政府が日
本最初の国際結婚に関する法律、「太
政官布告第 103 号」を公布した。
そして、それをもとに同年 6 月 7
日にイギリス人男性と日本人女性と
の結婚が国際結婚第一号として許可
された。実際のところ、それ以前に
も外国人男性が日本人女性を遊女と
して本国に連れていくことや、非公
式の国際結婚はあったが、1873 年
の法律の公布が法律上認められた公
式の国際結婚の幕開けとなったので
ある。

　以後の変遷をたどると、日本に

おける国際結婚は1940年代、1980年代、2000年代前後と3回、転機を迎えており、それぞれに特徴があることが分かる。例えば、1940年代の第二次世界大戦時における**戦争花嫁**や1980年代の農村部における**アジア花嫁**をめぐっては、国際結婚をした・させられた女性たちが、仲介業者や日本人夫によって恣意的に社会的弱者として創りあげられた。これにより、国際結婚は冷たい風にさらされていた。2000年以降は、国際結婚したカップルの数が一時的に最高記録を更新したものの、増加のスピードを緩めていた。しかし、バブルの崩壊によって日本の景気が沈滞したことが、当時海外で働く日本人の定住化に拍車をかけた。国際結婚はさらに姿を変え、直面する問題も複雑化している。

こうして三つの転機を経て、国際結婚についた否定的なイメージが少しずつ抜けてきた。1980年代から国策として労働力を担う研修生や高度人材としての留学生の受け入れを拡大させている。また、国内製造業や小売業を盛り上げるためのインバウンド事業などの政策によって、日本では、外国人との出会いの間口が徐々に広がっている。

一方で、日本人同士の結婚の絶対数が増えない大きな原因の一つに、日本の若者の結婚に対する消極性が挙げられるが、むしろ価値観を異にする日本人以外の相手との結婚は、ルーティン化された現実から脱却する突破口になり得る。

国際結婚へのサポート

日本国内において国際結婚へのまなざしが変わった次の転換期は2005年以降だろう。この時期、日本人等配偶者の在留資格を許可する入国管理法が厳しくなり、国際結婚に関する不正行為が急速に減少した。自由恋愛から発展した国際結婚以外のいわゆる**結婚詐欺**ならびに**契約結婚**などの偽装結婚によるビザの不正取得がなくなりつつあるのである。ここでいう**契約結婚**は、テレビドラマで話題になった『逃げるは恥だが役に立つ』で描かれた事実婚とは別の婚姻形態であり、あくまでも外国人が在留資格を得るために金銭のやり取りをする戸籍売買に近いような行為である。国際結婚を斡旋する結婚ビジネスも1980年代後半から2000年代前半までの間に徐々に消滅していった。しかし、今でも稀に当人同士の了承を得たうえで成り

立つ契約結婚があり、これを摘発するのは極めて難しい。

　結婚して海外に住む日本人をサポートする非営利団体としては日本初の「国際結婚を考える会」は、国際結婚に対する風向きを大きく変えた。

　「国際結婚を考える会」は外国人男性と結婚した7人の女性が設立した団体で、2019年に40周年を迎えた。1979年の創立当初、日本政府は国際結婚家庭に生まれた子どもの父親が日本人の場合のみ、その子どもに日本国籍を付与していた。しかし、「国際結婚を考える会」は日本人女性と外国人男性のあいだに生まれた子どもにも日本国籍を取得できるように活動を始め、5年後の1984年に国籍法が父母両系血統主義に改訂された。その後も影響力を増す「国際結婚を考える会」は世界各国の団体やマスメディアと連携を取りながら、海外支部も含めて様々な活動を行った。当事者の味方としての役割を担うと同時に、日本国内における国際結婚への誤解や偏見を解いて、正しい認識に導く存在であった。40周年を迎えた本会は、現在、二つの団体として再編され、さらに活動の範囲を広げている。

フォビアを越えて

　国際結婚とは異なる文化的背景を持つ男女が偶然に出会い、グローバル社会にある必然的な現象として見るべきか、または移住を目的とした上昇婚で、人生において個人の戦略として見るべきかといった問いの回答を迫る行為こそが、日本人としての常識を押しつけることにつながるのではないだろうか。それでも以前、日本では国際結婚を見るまなざしとして、これを金銭目的や上昇婚とみる雰囲気が根強い。国籍、言語や文化の差異を理由に一方的に定義せず、相対的に解釈し理解することがフォビアを越えるカギになる。

　学問の上では、国際結婚でよくみられる教育方針や国籍選択、子どもの言語保持や世代間コミュニケーション、宗教選択やアイデンティティ形成プロセスで生じる変化など、学際的に多様な研究が蓄積されている。これらの研究では、外国人の日本への定住化が進み身近なところで「内なる国際化」が進んだ結果、私たちの生活がいかに変化しているのかが示されている。つまり、日本人／外国人、自己／他者というような二項対立に基づいて、国際結婚を自分たちの生活から切り離して考える

ことはすでに現状にそぐわない。外国人を「遠い他者」とすることは、現在の日本社会におけるリアリティから目を背ける行為である。

　これまでの研究データや事例で明らかになったことは、たとえ、国際結婚を選んだふたりの国籍の組み合わせや言語レベル、相手国の文化への理解度などに対して、どれほど専門的な知識があっても、そうしたさまざまな要素によって国際結婚に付随する諸問題は複雑化しており、唯一の**正解**を提示することはできないということである。

　とはいえ、多文化共生社会を実現するためには、本章が提示してきた

ように、知らなかった**遠い他者**が実は自分たちに近い存在であるということ、日本人としての常識が自分たちのなかで先行していたということに気づくことが重要だ。国際結婚を自分たちの生活から切り離さずに考え続け、無理解から生じるフォビアを越える営みを根気強く継続していくことが求められている。

国際結婚の手続きの一例 ※規則はしばしば変更される。

①領事館で婚姻要件具備証明書（独身証明書）を発行してもらう。

コロナ禍では発行できない規則になっている。その代わりに本国の戸籍所在地の警察署で取った書類をもとに公証役場※で公正証書を作成する。

　　※公証役場：法務省管轄の役所。
　　全国に約300か所ある。
　　証書作成には手数料がかかる。

②役所に婚姻届を提出する。日本人一人でもよい。

③領事館に婚姻届受理証明書を提出する（母国への婚姻の報告を意味する）。

双方の国の結婚登録機関に婚姻を報告することで婚姻が成立する。
日本法方式で結婚する場合には領事館に報告しないこともある。

④入国管理局で在留資格手続きをする。

国際結婚の手続きは本人の国籍などによって大きく異なるため、全てを説明するのは難しいです。

◇ブックガイド

嘉本伊都子『国際結婚論!?「現代篇」
(Vol.2)』法律文化社、2008 年。
賽漢卓娜『国際移動時代の国際結婚
——日本の農村に嫁いだ中国人女性』
筋草書房、2011 年。
佐竹真明、金愛慶編著『国際結婚と多
文化共生——多文化家族の支援にむけ
て』明石書店、2017 年。
新田文輝『国際結婚とこどもたち——
異文化と共存する家族』明石書店、
1992 年。

◇調べよう

「国際結婚」を取り上げる作品を調べて
みよう。

◇聞いてみよう

国際結婚している当事者に結婚に至っ
た経緯を聞いてみよう。

◇考えてみよう

国際結婚に対するイメージを考えてみ
よう。

ハーフと日本人
寛容する人と寛容される人

リーペレス・ファビオ

身近にいるハーフ

　ハーフと呼ばれる人たちは、その日本人離れした身体的特徴や振る舞いそして名前などが注目され、近年では広告やテレビやスポーツをはじめとするメディア全般に大きく取り上げられている。化粧品やファッションの広告に起用される顔と体、バラエティ番組にゲストやレギュラーとして登場するモデルやタレント、そして国際的な場面で活躍するバスケットボールやテニスなどの選手がそれである。ファッションでは、白い肌、足の長さ、身長の高さ、顔の小ささ、目の大きさ、顔の彫りの深さ、鼻の高さが評価され、スポーツでは、ずば抜けた身体能力が評価される。ところが、そうした「日本人離れ」した要素だけでなく、内気な性格で丁寧な日本語を話し、年功序列に準じた敬語を操るといった日本人的な一面も演出され、視聴者の興味を掻き立てる。

　ところが、ハーフは決してテレビの向こう側に限られた遠い存在では

ない。これまで通った小学校、高校、大学のクラスメイト、そしてバイトの同僚を思い出してみよう。外見的特徴が周りの人たちと比べて際立って異なっているのに日本人的な名前を持つ人、あるいは、日本人的な外見的特徴を持つのに外国人的な名前を持つ人がいただろう。さらに、日本人的と外国人的な要素の双方を持ち合わせているだけでなく、外見も名前も日本人的、または外国人的なのに、実は両親の国籍が異なるハーフだったという人もいただろう。つまり、日本社会において私たちは、実は多くのハーフと身近に日常生活を生きているのだ。

　このように、近年の日本では、ハーフや外国にルーツを持つ人々とともに生きる社会が実現している中で、今まで根強く残っていた「日本人は単一文化を持つ単一民族だ」という思想が薄れていき、多様性を認識するようになっている。ところが、その一方で、いつも決まって、ハーフは日本人なのか外国人なのかといった包摂と排除の論争ととも

に、多様性を受け入れるか受け入れないかの論争が起きている。そこで、本章では、2人のハーフの話を聞いて、日本社会における、寛容と非寛容を巡る日本人とハーフの関係について考えたい。

ハーフは誰のことを指すの？

まず、先に、日常的にハーフと名指される人々とは一体誰のことだろう。両親のどちらかが日本国籍で片方が外国籍の子ども、すなわち両親のどちらかが日本人で片方が外国人の子どもという定義が広く行き渡っている。

現在日本社会に住むハーフの正確な数字を表す統計的データは存在せず、厚生労働省の「夫婦の国籍別にみた年次別婚姻件数」と「父母の国籍別にみた年次別出生数」から推測するしかない。しかし、日本でハーフと呼ばれる人々が、日本国籍と外国籍の組み合わせで日本生まれであるとは限らない。

例えば、海外移住した日本国籍者が現地の異性と出会って子どもが生まれたら、その子どもも日本社会ではハーフと呼ばれるだろう。または、日本に移住した外国籍の人が帰化し、日本国籍を得て、日本国籍の異性と出会って子どもが生まれたら、その日本国籍の子どももハーフだろう。当然、外国籍を取得した元日本国籍者が外国籍の異性と出会い結婚して外国籍の子どもを授かったとしても同じことが言えるだろう。この場合は、両親とも同国籍であり、先に述べた定義に収まらないが、ルーツを振り返ればハーフとされるだろう。その上、ハーフと呼ばれる人々の子どももハーフなのか日本人なのかあるいは「クォーター」なのかという疑問も浮上する。

ハーフは多くの場合、外見的特徴が日本人のものとは際立って異なる人を指す。例えば、肌の色が黒かったり、金髪だったり、顔の彫りが深かったり。外見の他に、特異な名前を持つ人を指すこともある。日本人的な名字に外国人的な名前の組み合わせがそれである。いわゆる「日本人離れ」した肌の色、髪の色、目の色、体格、名前などを指標として、日本人であるか否かの判断が下されているようである。それは、日本社会および多くの日本人の間には、均一で、単一文化、単一民族の考えに基づいた「純粋な日本人」のイメージが、未だに根強く存在しているからである。

見えるハーフと見えないハーフ

「日本人」と「外国人」の二項対立的な論争の対象であるハーフだが【21-1】、ハーフであることを疑問視されるハーフもいる。上述の定義に収まってもハーフが持つと思われる身体的特徴を示さないために、ハーフにそぐわないと評価されてしまうのだ。

多くの日本人が持つハーフのイメージとは、「日本人」とは対照的な白い肌、長い足、小さい顔、大きい目、彫りの深い顔、つまり、「欧米」の「白人」が持つとされる身体的イメージに合致している。また、日本における国際結婚のイメージでも、白人男性と日本人女性のカップルが占めているだろう。こうした、「欧米系」「白人系」のハーフは、度々メディアなどで、憧れや羨望の対象として消費される。

一方で、日本の国際結婚の国籍別の配偶者をみると、夫婦のどちらかが中国籍と韓国籍が首位を占めている。ところが、中国籍、韓国籍の親と日本人の親を持つ子どもがメディアに表れることは少ないだけでなく、日常生活の中でも、そのようなハーフの存在に気付かされることは少ない。「欧米系」「白人系」のハー

フとは対照的に、身体的特徴が主流の日本社会からみて不可視化されているからである。特に、ハーフが、ハーフであることを特徴付ける両親の国籍や本名などの出自を隠している、あるいは本名が元々「日本人」的であり日本社会に馴染んでいる場合は、当人から告白されない限り、その素性は分からないのである。

他者化されて人種化されて

一部のハーフが、自分の出自を隠し、通名を名乗るという選択と向き合わなければならないのは、そのハーフが持つ「外国人」の要素が日本社会では他者化されてネガティブなイメージを持たれているからだ。

いくつか例をあげてみよう。日本社会では、韓国のドラマ、アイドルや音楽などの人気を通して韓流ブームになり、華やかな韓国人象が描かれる。一方で韓国人ハーフや在日朝鮮人となると、その表象は一転してネガティブになる。

例えば、『嫌韓流』といったマンガやSNSなど一部のメディアで表象されるのは、目がつり上がってエラの張った韓国人である。日本人とフィリピン人の間に生まれた子ども

は、売春のために日本に渡った親の子どもというイメージで語られてきた。「黒人ハーフ」の場合も、メディアなどを通して黒人のタフさや暴力性と結び付けられてきた。一方で、「白人ハーフ」は高級感とファンタジー性を備えていると言われて、ポジティブなイメージでもある。こうしたハーフや「外国人」のイメージは、本質的に「純粋な日本人」によって評価され、格付けされ、価値づけられ、人種化されてきた。

21-1 「動かし続ける。自分を。未来を」
（2020 年 11 月 28 日）

崇高で純粋な日本人様

　2020 年 12 月、NIKE によって 2 分間のプロモーションビデオが放映された【21-1】。その内容は、10 代の少女 3 人がスポーツを通して、家、学校、街で差別や抑圧そしていじめなどの暴力を受けている悩みから解放される様子が描かれている。

　より具体的には、在日韓国人、黒人の父親を持つハーフと両親とも日本人の少女 3 人が主要人物で、日常的にいじめや差別を受けている。こうした日々を生きながら、「私ってナニモノ?」「ここにいちゃダメなの?」「普通じゃないのかな?」などとアイデンティティと拠り所につ

いて自問し、「もっと馴染んだほうがいいのかな?」「みんなに好かれなきゃ」「我慢しなきゃ」と理不尽な社会的抑圧に服従しなければと自答する。ところが、「いつかだれもがありのままに生きられる世界」は自らが動かなければ築けないと示唆するかのように、3 人の少女は笑顔で走り出し、"You can't stop sports US" の文字で幕を閉じる。このように、動画の内容は、多様性と寛容性のある社会の実現を推進するものとなっている。

　しかし、SNS 等では、「日本に差別はない」「日本人だけが悪者に仕立て上げられてる」「日本人に対する差別だ」「朝鮮総連が関わってる」「ウィグル強制労働の疑惑は?」のような否定説と被害妄想と陰謀説と逸脱説のコメントが殺到している。

　この光景は、どこかで見たことがある。そう、米国における BLM

（Black Lives Matter）や移民受け入れ政策などの多様性や寛容性を推進する運動に抗議する白人至上主義を掲げる人々の主張とまったく同じなのだ。例えば、「黒人に対する抑圧や差別は奴隷制度と共になくなった」という虚偽の証言をして、「白人も差別の被害にあっている」と詭弁を弄する。そして、「そっちこそどうなんだ主義」を掲げ論点を逸らすだけでなく、都合のいいように事実をねじ曲げて、白人が黒人による危害をうけ、移民が麻薬を持ち込んで強姦をしかけにくるなどと被害妄想を膨らませている。

こうしたSNS上での炎上の他に、次のようなことも指摘されている。日本のスポーツ業界が身体的特徴によって人種化されたハーフアスリートに頼らざるを得ない状況にあり、快挙を成し遂げたハーフアスリートを日本人として歓迎するか否か

の言説を取り上げている。そこでハーフを日本人として受け入れるか否かは「役に立つか」「役にたたないか」のダブルスタンダードで評価されている。

これらのハーフをめぐる論争から、2点見えてくるものがある。まず、第一に、優越的立場にあるという幻想を持つ日本人、すなわち、崇高で純粋なる「日本人様」のイメージが存在し、それが広く行き渡っていることである。第二に、「日本人様」は、日本人のイメージにそぐわないハーフあるいは外国につながりを持つ人々を包摂・排除できるという権力の妄想を持っていることだ。

気を悪くするかもしれないが、実際に日本社会にも、人種論に基づいた日本人至上主義（Japanese Supremacy）とも呼べる姿勢があり、異質な他者に対するフォビア（蔑視、嫌悪）やフィリア（賞賛、好

21-2　排除のイメージ

21-3　包摂のイメージ

意）を掲げている。そして、誰を包摂するかあるいは排除するか、誰に対して寛容を示すかあるいは示さないかは「日本人様」が決めているのだ【21-2】【21-3】。

ナタリアとパトリックの話

それでは、寛容と非寛容がどのような形で現れるのか、2人のハーフの人たちの話を聞いてみよう。

まずナタリアの話を聞いてみよう。彼女は、日本人の母とスウェーデン人の父との間に日本で生まれた。幼い頃は日本とスウェーデンを行ったり来たりする生活を過ごした後、カナダのモントリオール州にある大学へ行った。卒業後は日本に帰国してピースボートに参加して、3カ月間に21カ国へ渡り世界一周をした。またグアテマラで半年間スペイン語学校に通い、イタリアへ教員資格を得るための留学もした。その後、香港にあるインターナショナルの学校で6年間教員として働いた後、現在はスウェーデンで生活している。

彼女は、日本語とスウェーデン語と英語による教育を受けてきたのだが、最近は英語が第一言語のように話せる。そして、彼女の特異な容姿から、たびたび「日本人なの？」「スウェーデン人なの？」と疑問を抱かれることが多かったという。

そんな彼女が小学生の頃、日本の福島県に住んでいた頃の話をしよう。ナタリアが通っていた小学校では、同級生の友だちは彼女がハーフであるということを知っていたようで、彼女の容姿について聞かれたことがなかった。しかし、下校時には、家までの道中で他の学校の子どもたちと遭遇することがあり、その子どもたちはすれ違いざまに、彼女の容姿を見ては、「外人だ」と言ってからかっていたそうだ。

最初はなんも言わないで、無視して歩いて。でも、毎日ちょっかい出してくるから、ある日、「外人じゃないもん」って怒鳴った。「おうちでご飯食べているもん」みたいな感じで言ってみたわけ。「お箸で食べてるし」「日本語もできるし」みたいな。私が日本語が話せないと思って、からかってたようだったけど、それからちょっかいださなくなった。

次にパトリックの話を聞いてみよう。パトリックは、日系アメリカ人

1世の父とアメリカ白人の母との間で、カリフォルニア州で生まれた。18歳の頃までカリフォルニア州で過ごした後、大学進学のため、オレゴン州へ移住した。大学に在学していた間、2010年から2011年の間に日本の大学で交換留学をした経験もある。卒業後、テキサス州にあるコンピューター系の企業で勤めた後、日本で就職を目指して、2014年に来日した。その間に、結婚、離婚、そして転職を経て、現在は外資系の企業に勤めている。

パトリックは、アメリカで生活していた頃は「アジア人」、日本で生活している間は「白人」と呼ばれてきたが、ハーフと呼ばれることは少ないのだという。これについて彼自身は、「両親ともアメリカ人だからかな」「でもルーツを辿ればハーフなんじゃないかな」と言っている。彼は、大学の頃に日本に留学していた経験と日本の会社で職務についていたことから、日本語も流暢に話せる。

ここで彼が日本の大学で交換留学をしていた頃の経験について取り上げてみよう。パトリックは、日本の大学に通っていた頃、日本人の友だちを作るのが難しかったと話している。

大学では、日本人の学生が主催で、留学生を集めて国際交流会を開くので、それに参加していましたね。そこで知り合った人と連絡先を交換して食事や遊びの約束をするのだけど、一度きりの出会いが多くて、それ以上の親しい関係にはならなかったのが残念でしたね。最初は、自分のソーシャルスキルに問題があるのではと思っていたのですが、他の留学生仲間も同じ経験をしていたので、共通する悩みだと分かりました。たぶん、日本人の人は外国人を「いつかいなくなる存在だから、友だち作りの時間に投資する価値がない」と思うんでしょうか。

パトリックは、再び日本に戻って、今年で7年目を迎える。日本社会に馴染んでいるつもりだが、未だに日本人の交友関係を作るのが難しいと言う。

どうでしょう。日本語が流暢で、日本国籍を持っていて、日本の会社に勤めていて、日本に10年以上滞在していれば、ようやく親しい友だちに相応しいと思ってくれるでしょうか。今は外資系に勤めて

いるので、やっぱり「外国の会社だからいつか外国に帰る」と思うのかな。

寛容する人と寛容される人

ナタリアとパトリックの話を聞いて何が見えてきただろうか。ハーフの持つ外国人の要素が、純粋な日本人のフォビアを掻き立てる要素を持ち合わせているが故に、日本人と認められなかったり、一度きりの付き合いになったりしているように、非寛容に扱われていることが窺えるだろう。ナタリアとパトリックは寛容されるためにさまざまな試みをする。例えば、日本語を話したり、日本食を食べたり、日本の会社に勤めたり、日本に長期の間滞在したり。

そういえば、これとよく似たシチュエーションとして、最近人気上昇中のタレントの副島淳が出演するビデオを YouTube でみたことがある【21-4】。彼は、アメリカ黒人の父と日本人の母を持ち、日本で生まれ育った経歴を持つ。そんな彼からも、やはり、外見的特徴から日本人であることを疑問視され、試されたり評価されたりしている様子がうかがえる。例えば、「日本人ちゃうや

21-4 「みんなでインタビュー」
副島淳さん（2020 年 11 月 28 日、聖教新聞）

ろ」や「本名ちゃうやろ」と排斥される。そこで、彼は「下町の育ちだ」「英語は話せない」「日本語しか話せない」「日本文化の中で育った」と交渉に出て、「日本が好きです」と忠誠を尽くしてようやく寛容されるといった具合だ。

ここで明らかなのは、日本人とハーフの間には、「寛容する者」と「寛容される者」と二者の権力関係が存在し、寛容は恩寵であり与える・与えられるものだということだ。つまり、「日本人様」は、誰に対して寛容を示すか否かを決める権利があり、選択的で限られた寛容性を示していると言える。そこで、ハーフは「日本人様」から恩寵を授かるために、フォビアと思われる要素をフィリアと思われるために折り合いをつける。

外国人フォビアと向き合う

　日本社会における日本人やハーフの多様性を明らかにして、その言葉が含む意味の幅広さについて考えるだけでは、陳腐な議論に終わってしまう。ハーフないし「外国人性」が日本人やその性質と対比されて緊張をはらんでいると述べるだけでもまだ足りない。ハーフの言説が常に人種化された日本人と外国人、包摂と排除、賞賛と蔑視、優越と低劣、寛容と非寛容の二側面を持ち合わせていて、評価する人とされる人の間の権力関係があることを認識する必要がある。こうした問題の所在を明らかにして、ようやく、多文化共生を考える上でのスタート地点に立ったと言えるのではないだろうか。

　さて、あなたは、ハーフの何を評価して、何にフォビアを感じて、その人とどのように向き合っているのかを振り返って反省してみよう。

◇ブックガイド
下地ローレンス吉孝『「混血」と「日本人」──ハーフ・ダブル・ミックスの社会史』青土社、2018 年。
川島浩平・竹沢泰子編『人種神話を解

体する 3──「血」の政治学を越えて』東京大学出版会、2016 年。
岩渕功一編『〈ハーフ〉とは誰か──人種混淆・メディア表象・交渉実践』青弓社、2014 年。

◇調べよう
1. テレビや音楽や広告で採用されるハーフに注目してみよう。
2. 出自別、性別によって、誰がどのように表象されているのかみてみよう。
3. 身近にハーフがいるのか調べよう。

◇聞いてみよう
身近にいるハーフにインタビューしよう。
「両親の国籍はなんですか」
「日本で『ハーフ』の経験とはどういうものですか」
「あなたのことについて教えてください」。自分のことについても聞かれたら、自分のことも相手に伝えよう。

◇考えよう
ハーフを 1 人の個人として捉えたら、その人の何について分かるか考えよう。

22 完璧は目指しません
外国語学習

小張順弘

言葉を学ぶ

「言葉は空気のようなもの」とも喩えられることもあるが、私たちはどのようにして言葉を身につけてきたのだろうか。普段使っている言葉は特に意識せず、自然と子供の頃に身につけ、当たり前のものと認識している人が多いのではないだろうか。この自然に学んできた言葉は、母語（mother tongue）と呼ばれ、一般的に「幼児期に家庭（多くの場合、母親から学んだ）で最初に習った言葉」を意味する。生まれてから様々な経験を通じて、長い時間をかけて身に付けてきた言語である。

また、母国語という表現もあり、その発想には「１つの国＝１つの言葉（国語）」という構図が背景にある。しかし、世界には7000近くの言語があり、200近くの国家（国家の定義や国家承認の有無により異なる）が存在している。単純計算すると、平均で１つの国に約35言語が存在することになる。ある国の人々は国語を含めた複数の言葉を使用し

ながら、生活を送っていることになる。バイリンガリズム（多言語使用状況）は、世界的標準ともなりつつある状況がある。

言葉の発達

人は誕生後の言語環境のもとで、ある言葉を自然と身につけていくことになる。この「言葉の発達」のメカニズムを明らかにしようとするのが発達心理学であり、人の誕生から死までの生涯を通じた成長・成熟過程の心理的特徴や法則性、人の発達と関連する要因の解明を研究対象とし、子供の「心の発達」と「言葉の発達」との関係についても取り組んでいる。今井（2013）は、子供の言葉の発達では「発見」「創造」「修正」の過程を通じて言葉を豊かにしていると指摘し、それぞれの過程の特徴について次のように説明している。

（1）「発見」は、人は誕生後に声（発音・アクセント）を頼りに音のかたまり（単語）を覚えてその意味を深

化させていくように、パーツを手掛かりにして言葉のシステムを見出そうとする。

（2）「創造」は、多くの単語を覚えるなかで、類似性を見つけようとする。単語の類似性を見つけて新たな学びに使おうとし、身につけた言葉の知識を自分の方法で創造的に使おうとする。

（3）「修正」は、単語数をさらに増やすなかで共通性を分析し、間違いを繰り返しつつ、大人の言葉を真似しながら、言葉の知識を修正して単語の意味を深化させる。そして、すでに知っている単語も総動員して新たな単語の学習に使用する。

子供の言葉の学びの特徴は、この「発見－創造－修正」の繰り返しであり、この行為は生活の遊びでの失敗を通じて行われ、周囲との関わりによる伝達経験を重ねて創造的に学ぶのである。言葉の学びの本質は、受動的に誰かから教わるのではなく、主体的に学ぶという点にあることがわかる。また、生活経験のなかの言葉の創造的使用は相手を積極的に受け入れる態度を育み、言葉の感覚を磨くことで想像力・創造力を豊かにすることにつながる。言葉の発達は、それぞれの生活を豊かにしていくことでもある。

母語習得と第 2 言語習得

ここまで母語習得過程の特徴を確認したが、ここでは第 2 言語習得（ある言語をすでに身につけた人が、別の言語を習得）過程について確認したい。複数言語を使用する人をバイリンガル（またはマルティリンガル）というが、1 人に 1 つの言語という漠然としたイメージのため、複数言語を不自由なく使うバイリンガル（多言語話者）に対して「頭の良さ」や「恰好良さ」を感じることがあるかもしれない。しかし、複数言語の使用が世界的に広く普及している実態を踏まえると、世界の人々の多くは程度の差はあるものの、多言語能力を持ち、必要に応じて言語を使い分けて暮らしているのである。

頭の中に異なる言語が共存する状態はどのようにして可能となり、どのような特徴があるのだろうか。母語以外の言語習得過程は、自然と身につけてきた母語の習得過程とは異なると考えられている。この特徴について明らかにする第 2 言語習得研究という分野がある。この分野は幼児期からの母語習得を参考にして、すでにある言葉を習得した幼児期初期以降での第 2 言語習得のメカニズムを確認し、母語習得との類似・

相違点を踏まえ、その知見を外国語教育へ援用することを目的としている。

　この第2言語習得の実態把握の取り組みの一つに、カミンズが提示したバイリンガル言語能力モデル（風船モデル、氷山モデル）がある。

　風船モデルは人間の頭という枠組みの中に言葉の風船（言語能力）が存在すると捉え、多言語話者には複数の言葉の風船が存在し、ある風船が大きくなると他の風船が萎んでいくという関係性にもとづく考え方である【22-1】。

22-1　風船モデル

　また、氷山モデルは、第1言語と第2言語はそれぞれ異なる言語能力として捉えられるが、実際には第1・第2言語能力は海面上で異なる氷山のように見えているだけで、その基底（共有基底言語能力）は同一であるという考え方である【22-2】。第

22-2　氷山モデル

2言語の発達は、第1言語の能力レベルに影響されると考えられ、母語能力が高いとより多くの基底言語能力が共有されることで第2言語習得は上手くいき、反対に母語能力が低いと基底言語能力が低いために第2言語習得が上手くいかないという相互依存関係を示している。

　この氷山モデルによるバイリンガル言語能力の捉え方は、現在でも外国語習得、母語の役割・重要性、言語間の相互影響、効果的学習法、バイリンガル教育法の研究や教育的取り組みの前提として影響を与えている。

第 2 言語習得の特徴

　白井（2008）は、第 2 言語習得の特徴として、「母語の影響」「学習開始年齢」「学習者要因（個人差と動機づけ）」について紹介している。

　「母語の影響」とは、第 2 言語習得は学習者の母語（第 1 言語）の影響を受けるということ（言語転移）である。類似点が多いと母語ルールを援用でき学びやすく（正の転移）、相違点が多いと第 2 言語の新たなルールを覚えなくてはならないために学びにくく、母語ルールを誤用してしまう（負の転移、母語干渉）という傾向がみられる。

　「学習開始年齢」とは、言葉の習得時期には時間的制限があると考えられ、ある時期（12~13 歳）を過ぎると外国語学習が不可能になるという仮説（臨界期仮説）にもとづく考え方である。その目標にはネイティブ話者が想定され、この時期を過ぎてからの外国語学習では目標達成は不可能だということになる。この仮説については、学習者の年齢要因は外国語学習に関係しているという点での合意はあるが、臨界期自体の有無や詳細については議論が続いている。外国語学習は早いほど良いとの一般的な考え方があるが、学習者の年齢よりも母語能力や知的能力（認知力）が、外国語習得の成否により密接に関連するとの指摘もある。

　「学習者要因（個人差と動機づけ）」とは、学習者には外国語学習に対する適性が存在し、個人差（適性、性格、性別など）が外国語習得の成否に関係しているということである。これは母語習得に失敗する人はほとんどいないが、外国語学習の成功は人によるという現実をみれば明らかであろう。この適性要素の一例として、「音声認識能力、言語分析能力、記憶」の項目が挙げられ、成人学習者のネイティブ並みの習得には「高い記憶力」が重要とされている。また、学習者の動機付けの有無・強弱（目的・目標意識）が言語習得レベルに影響を与えるとし、動機付けが高まる状況に持続的に身を置くことが重要との指摘がある。

　これらは主な第 2 言語習得の特徴であるが、様々な仮説検証や研究とともに、全体像の理論化や教育実践への取り組みも行われている。

母語の影響

　ここでは第 2 言語習得レベルへの「母語の影響」について、少し詳し

く取り上げてみたい。頭の中が空白の状態での母語習得とは異なり、第2言語学習者はすでに母語を身につけている状態にあり、第2言語習得過程では母語からの言語転移がみられるとの特徴がある。母語と目標言語（習得する第2言語）の言語構造差（言語間距離）が習得に影響を与えると考えられ、両者の構造が近い場合には、母語知識を援用できるために第2言語習得へ肯定的に作用し、異なる場合には否定的に作用すると考えられている。

　また、第2言語習得は母語から目標言語へと移行途中にある中間言語を経て、徐々に目標言語に近づいていくとされている。中間言語とは母語・目標言語・学習内容の影響が反映される習得途中の言語であり、その特徴は学習段階による諸要因からも生じるが、母語の影響は音声面（発音、アクセント、イントネーション）に顕著にみられる（例：日本英語、カタカナ英語など）【22-3】。

　子供の言葉の発達と同様に、第2言語習得においても、言葉の間違えを繰り返しながら創造的に使うことを通じて身につけていくことに変わりはない。教育では目標言語の**正しさ**の基準と比べ、母語と目標言語の混在により生じる中間言語の特徴を

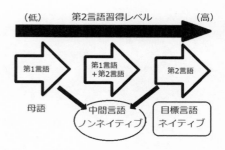

22-3　中間言語の位置づけ

間違いとして認識するが、第2言語習得における創造的行為の痕跡として肯定的に捉えるべきである。

第2言語習得の理論

　第2言語習得の全体像についての理論化の取り組みとして、クラッシェンの言語習得理論について触れておきたい。東（2000）は、5つの仮説からなる「モニター・モデル」としても知られる理論について、次のように紹介している。

（1）習得・学習仮説
　言葉の無意識的「習得」（母語のように自然に身につける方法）と意識的「学習」（学校での外国語のように意識的に学ぶ方法）とを区別し、言葉は習得により改善されるという仮説

（2）モニター仮説

私たちが言葉を使用する際（特に話したり、書いたりするとき）に、正しさの基準に従ってチェックを行っている「モニター」が機能しているという仮説（正しさを意識するあまりにスムーズに会話を行うことができなくなるなど）

（3）自然習得順序仮説

ほとんどの学習者が意味のある最小単位の言語単位を似たような順序（例：進行形、複数形、be動詞から冠詞、助動詞、そして動詞不規則変化、単数形、所有形への順番）で習得するという仮説（普遍的な習得順序）

（4）インプット仮説

言語習得の課題はアウトプット（話す、書く）ではなく、インプット（聞く、読む）にあり、学習者が理解できるレベルより少し上のレベルで、興味のある適切なインプットを与え続けることが大切だという仮説（アウトプットは自然にインプットから生まれる）

（5）情意フィルター仮説

言語習得には心理的フィルターがあり、このフィルターが厚いとインプットが学習者に入りにくく、薄いと入りやすいという仮説（心理的要因には心の安定度、不安、言語に対する態度、自信などがあり、大人は恥ずかしさのあまりに間違いを恐れるが、子供は間違いへの精神的プレッシャーを感じずに習得）

これらの仮説については反論や議論もある。例えば、「習得・学習仮説」によると、日本では外国語の意識的「学習」は可能だが、無意識的「習得」は不可能ということになる。また、「自然習得順序仮説」の順序は、学習者の母語と目標言語の構造の違い（言語間距離）によって異なることもありうるし、「インプット仮説」の学習者の理解の少し上のレベルについては客観的把握が困難（個人差の存在やレベル測定方法の有無）である。しかし、これらの仮説は、外国語習得のメカニズム理解のための視点を提供している。

日本の外国語学習機会

文部科学省による小・中・高等学校を通じたコミュニケーション能力の素地を育成するための「英語教育

改革実施計画」（2013年）や、高等教育の英語を含む外国語教育の強化・拡充など、外国語学習の改革への取り組みが日本でも行われている。

しかし、日本語で不自由なく暮らすことができる言語環境での外国語学習機会は、学校教育を中心として提供されているために教科としての性格が強く反映されている。外国語学習機会・使用機会を場所・空間別（家庭・学校・地域社会・国・国際社会）に整理してみると、以下の図のようになる【22-4】。

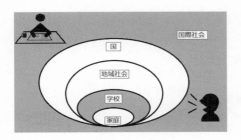

22-4　日本の外国語学習機会
灰色部＝外国語学習・使用機会が
ある場所・空間

日本の外国語学習・使用機会は、個人的背景（国際結婚家庭や海外滞在経験など）の違いがあるが、主に教育分野に限定されており、社会における生活体験を通じて第2言語を習得する機会が存在しない。現在は、

英語教育は小学校から開始され、英語以外の外国語（中国語・韓国語・フランス語・スペイン語・ドイツ語など）を学べる中学校・高校もある。大学では英語のほかにも外国語を学ぶ機会があり、特に、大学生活は世の中の価値や規範を少しずつ身につけていく社会化の過程である、大学生活での外国語学習は視野・興味の広がりとも重なり、学びの充実や進路への影響も与える機会ともなりえる。

日本での外国語習得

母語（日本語）習得との比較を通じて、外国語習得の特徴を項目別（時期、場所、環境、目的、学習方法）に整理してみると、その特徴は以下のよう整理される【22-5】。

特徴	母語習得	外国語習得
時期	誕生以降	学童期 / 青年期以降
場所	家庭 / 地域社会 / 学校	学校
環境	家族・友人との長時間接触による自然な生活環境	語学教師との短時間指導による教育環境
目的	実用（生活中心）	教養．・学力（教育中心）
方法	無意識的学習	意識的学習

22-5　母語習得と外国語習得の特徴

これまで確認してきた第2言語習得の特徴は、主に移民の場合のように移住先社会で異なる言語使用が求められる場合の言語習得を対象としており、日本の外国語習得とは異なる環境であるとの指摘があるが、複数言語習得メカニズムについては参考となる点も多い。

日本社会のなかには外国語を自然に身につける機会はほとんどなく、学校で外国語の4技能（読む、書く、聞く、話す力）の意識的学習が行われているが、その評価は受信型技能（読む・書く力）が中心である。また、学習の動機付けは教育的（教養・学力）要素が強い傾向がある。このような環境での外国語習得は、言葉を使用する機会（**言語使用**）を増やし、その能力を（**言語能力**）を高めていくことが必要になり、同時に習得への動機付け（**学習意欲**）を育み、維持することも必要となる。特に、言語使用機会が少なく、言語能力は受信型能力育成に偏り、学習意欲は教育的環境（成績・進学・就職など）の影響を強く受ける環境があるため、これらのバランスを個人的に保ちながら外国語習得に取り組むことが重要であると考えられる【22-6】。

外国語学習者の目標に**ネイティブ**のように話したい、というものがあ

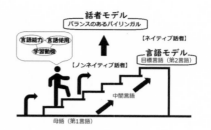

22-6　バランスのあるバイリンガル

る。この背景には**ネイティブ**と**ノンネイティブ**（非母語）という対比構図が存在し、言語や話者への価値判断が伴う場合がある。例えば、ネイティブ英語／話者は優れていて（格好良い）、ノンネイティブ英語／話者は劣っている（格好悪い）というイメージである。

これまでの調査研究から、バイリンガルには特有の母語・目標言語能力が共存しており、母語習得とは異なる言語習得メカニズムが存在すること指摘されている。そして、ネイティブと同じ言語能力を持つバイリンガルは極めて稀であり、ほとんどのバイリンガルには言語能力や技能レベルに偏りがあることも明らかになっている。

そのため、ネイティブ言語を目標言語としながらも、「ネイティブになる」という目標を過剰に意識するのではなく、「母語→中間言語→目標言語」への移行する外国語習得メ

カニズムを理解し、母語能力と外国語能力のバランスを持つバイリンガルを理想の話者モデルと意識することが必要である。

日本型バイリンガルの模索

日本には社会的な多言語使用状況がほとんどなく、学校教育での外国語学習も限定的である。また、外国語習得開始年齢や多様な個人的要因（学習動機や学習方法など）が絡み合い、効果的な外国語習得の阻害要因となっている。そのため、外国語習得の成否は個人の取り組みに大きく依存することになるため、学習者が母語・第2言語・外国語習得のメカニズムや特徴を理解しておく必要がある。

この日本型バイリンガルのあり方は学習者個人や置かれている言語環境により異なるため、それぞれが外国語使用の機会を増やす工夫をし、外国語能力を高める努力を行い、学習意欲を維持できる習得環境を見つけ出すことが不可欠となる。学校教育の外国語学習とは別に、まず自分の興味・関心を手掛かりにして外国語との関わりを探ることから始めてみてはどうだろうか。

外国語でのコミュニケーション

最後に、外国語として日本語を使用する人との会話の事例から、私たちの外国語でのコミュニケーションについて考えてみたい。日本語での会話のなかで発音・アクセント・イントネーション・単語に違和感を覚え、日本語を母語としない人ではないかと感じる経験があるのではないだろうか。そのような場合には普段よりゆっくりと、はっきりと話し、そして易しく短めの言葉遣いをしたことはないだろうか。

この時の話し方は「フォーリナー・トーク」と呼ばれ、相手の言語習熟度が低い場合には相手への思いやりから相手に合わせてコミュニケーションを成功させようとする。反対に、私たちが外国語を使いコミュニケーションを行うとき、相手はどのような気持ちを抱くであろうか。おそらく多くの人は寛容な気持ちをもって接してくれるであろう。外国語でのコミュニケーションの難しさを知る／想像できる人は、話し手の言葉の間違いよりも、その人の誠実さを受け止めようとするはずである。

◇**ブックガイド**

東照二『バイリンガリズム――二言語併用はいかに可能か』講談社現代新書、2000 年。

今井むつみ『ことばの発達の謎を解く』ちくまプリマー新書、2013 年。

白井恭弘『外国語学習の科学――第二言語習得論とは何か』岩波新書、2008 年。

◇**調べよう**

1. 言葉の能力について調べよう。
2. 日本ではどのような外国語を学ぶことができるのかを調べよう。
3. 言葉の学び方／教え方について調べよう。
4. インターネットを利用した言語学習方法について調べよう。

◇**聞いてみよう**

身近な人にインタビューしてみよう。

「外国語を学ぶことは必要ですか？」

「外国語を学ぶ面白さ／難しさとは何ですか？」

「外国語能力が必要となるのはどのような時ですか？」

「外国語を話すときに、どのように感じますか？」

◇**考えよう**

外国語を学ぶ意味／意義とは何かについて考えてみよう。

語学に王道なし

あとがき

高山陽子

日本で多文化共生という言葉が登場してから約30年の歳月が流れた。今では様々な場面でこの言葉が使われるため、「それは何ですか？」と言われることも少なくなった。衝突を好まず、他者へのシンパシーが強い学生たちは、積極的に多文化共生を学ぼうとする。そのため、多文化共生という言葉が浮上してきた背景にある他者への暴力を目の当たりにしたとき、大きな戸惑いを抱く傾向がある。例えば、2009年の京都朝鮮学校襲撃事件を知った学生たちは、「こんなひどいことをする人が日本にいると思わなかった」と述べると同時に、「自分にできることを教えてほしい」という感想を言う。薄々知っていた各種のフォビアが対岸の火事ではなく、隣の火事だったと気付いたようなものである。隣の火事は他人事では済まされないので、積極的に行動しなければならない。

多文化共生を目指す前提には、その社会が文化的多様性を内包することを意味する。多様性は多かれ少なかれ軋轢を生むものだから、他者との衝突を避けたいという願望とは矛

対岸の火事

隣の火事

221

盾する。意見が合わなかったからといって、人間関係がすぐに決裂することはない。事情を説明すればたいていの物事は解決に向かっていく。反対に、事なかれ主義で反対意見を言わずにいると、否定的な感情が蓄積され、極端な場合には、その感情がフォビアとして表出するかもしれない。「わがままだと思われたくない」「気まずい雰囲気を作りたくない」などを考える必要はない。一歩踏み出してみることが様々なフォビア克服の第一歩になるはずである。

小さいけど大きな一歩

執筆者紹介

記載の情報は 2022 年 8 月時点のものである

■ 高山陽子 （たかやま・ようこ）

亜細亜大学国際関係学部教授。文化人類学、銅像研究。

主な著作に、『多文化時代の観光学——フィールドワークからのアプローチ』（編著、ミネルヴァ書房、2017 年）、『紅い戦争のメモリースケープ——旧ソ連・東欧・中国・ベトナム』（共編著、北海道大学出版会、2019 年）など。

■ 大塚直樹 （おおつか・なおき）

亜細亜大学国際関係学部教授。人文地理学。

主な著作に、「ベトナム戦争期における同時代的な記憶とその再生——在ベトナム日本人のライフストーリー」（『立教大学観光学部紀要』22、2020 年）、「「サイゴン報道」のドラマトゥルギー（上）」（『国際関係紀要』31(1)、2021 年）、「「サイゴン報道」のドラマトゥルギー（下）」『国際関係紀要』31(2)、2022 年）など。

■ 小竹直子 （こたけ・なおこ）

亜細亜大学国際関係学部教授。日本語学、日本語教育学。

主な著作に、「ト条件文の帰結に形容詞が言い切りで現れる文」（『日本語文法』14(1)、2014 年)、「「という感じがする」の意味・機能」（『亜細亜大学学術文化紀要』35、2019 年）、「許可求めにおける丁寧度の判断——「シテモイイデスカ」と「サセテモラッテモイイデスカ」の違いに注目して」（『亜細亜大学学術文化紀要』39、2022 年）など。

■ 呉永鎬 （お・よんほ）

鳥取大学地域学部准教授。戦後日本教育史、社会学。

主な著作に、『朝鮮学校の教育史——脱植民地化への闘争と創造』（明石書店、2019 年）、『公立学校の外国籍教員——教員の生、「法理」という壁』（共著、明石書店、2021 年）、『マイノリティ支援の葛藤』（編著、明石書店、2022 年）など。

■　金賢貞（きむ・ひょんじょん）

亜細亜大学国際関係学部准教授。民俗学・文化人類学。
主な著作に、『「創られた伝統」と生きる──地方社会のアイデンティティー』（青弓社、2013 年）、Making Korean Modern Museums: Japanese Colonial Buildings as Heritage and Resource（*ACTA KOREANA* 17(2)、2014 年）、「植民地近代をめぐる不協和音──韓国の「九龍浦近代歴史館」の文化財登録と『韓国内の日本人村』の九龍浦史を中心に」（『国際関係紀要』30、2021 年）など。

■　澤井充生（さわい・みつお）

東京都立大学人文社会学部助教。社会人類学、回族研究。
主な著作に、『「周縁」を生きる少数民族──現代中国の国民統合をめぐるポリティクス』（共編、勉誠出版、2015 年）、『現代中国における「イスラーム復興」の民族誌──変貌するジャマーアの伝統秩序と民族自治』（明石書店、2018 年）、「現代中国の回族社会における屠畜の周縁化──動物供犠と殺生忌避の事例分析から」（『日本中東学会年報』35(2)、2020 年）など。

■　今野裕子（こんの・ゆうこ）

亜細亜大学国際関係学部講師。アメリカ史・日本人移民史。
主な著作に、"Trans-Pacific Localism and the Creation of a Fishing Colony: Pre-World War II Taiji Immigrants on Terminal Island, California."（Yasuko Takezawa and Gary Okihiro (eds.) *Trans-Pacific Japanese American Studies: Conversations on Race and Racializations*, University of Hawai'i Press, 2016 年）、「戦時動員と排除──第二次世界大戦下の南カリフォルニア漁業と国防」（『亜細亜大学国際関係紀要』30(1・2)、2021 年）、『「法 - 文化圏」とアメリカ──20 世紀トランスナショナル・ヒストリーの新視角』（共編著、上智大学出版、2022 年）など。

■　浅野麗（あさの・うらら）

亜細亜大学経営学部准教授。日本近現代文学。
主な著作に、『喪の領域──中上健次作品研究』（翰林書房、2014 年）など。

■ **黒岩裕市**（くろいわ・ゆういち）

フェリス女学院大学非常勤講師。日本近現代文学、ジェンダー／セクシュアリティ研究。
主な著作に、『ゲイの可視化を読む──現代文学に描かれる〈性の多様性〉?』（晃洋書房、
2016 年）など。

■ **竹田志保**（たけだ・しほ）

学習院大学他非常勤講師。日本近代文学。
主な著作に、『吉屋信子研究』（翰林書房、2018 年）など。

■ **倉田容子**（くらた・ようこ）

駒澤大学文学部教授。日本近代文学、フェミニズム批評。
主な著作に、『語る老女 語られる老女──日本近現代文学にみる女の老い』（學藝書林、
2010 年）、「宮崎夢柳『芒の一と叢』における女性表象」（『文学・語学』220、2017 年）
など。

■ **井原あや**（いはら・あや）

大妻女子大学文学部専任講師。日本近代現代文学。
主な著作に、「消費されることと捉え返すこと──瀬戸内晴美はどう語られてきたか」
（『ユリイカ』2022 年 3 月臨時増刊号、2022 年）、「『詩とメルヘン』の基礎的研究──
一九七〇年代後半から一九八〇年代初頭の詩の傾向」（『大妻国文』53、2022 年）など。

■ **小張順弘**（こばり・よしひろ）

亜細亜大学国際関係学部准教授。社会言語学、応用言語学、フィリピン研究。
主な著作に、「フィリピンの英語」（本名信行・竹下裕子編『新アジア英語辞典』三修社、
2018 年）、「フィリピンの英語」（本名信行・竹下裕子編『世界の英語・私の英語　多文
化共生社会を目指して』、桐原書店、2018 年）など。

■ 二文字屋脩（にもんじや・しゅう）

愛知淑徳大学交流文化学部准教授。社会人類学。

主な著作に、『人類学者たちのフィールド教育——自己変容に向けた学びのデザイン』（共編、ナカニシヤ出版、2021 年）、『トーキョーサバイバー』（編著、うつつ堂、2022 年）など。

■ 横田浩一（よこた・こういち）

国立民族学博物館外来研究員。文化人類学、中国社会研究。

主な著作に、「農村社会と『国家』言説——広東省潮汕地域における農村住民の日常生活から」（『白山人類学』19、2016 年）、「台湾南部の潮州系移民をめぐるエスニック関係——陳氏一族の社会的経験」（志賀市子編『潮州人——華人移民のエスニシティと文化をめぐる歴史人類学』（風響社、2018 年）など。

■ 小磯千尋（こいそ・ちひろ）

亜細亜大学国際関係学部教授。南アジアの地域研究、ヒンドゥー思想史。

主な著作に、『インド人（カルチャーショック 11）』（共訳、河出書房新社、2000 年）、『ヒンディー語のかたち』（白水社、2004 年）、『世界の食文化 8　インド』（共著、農文協、2006 年）など。

■ 戴寧（たい・ねい）

東京都立大学専門研究員、株式会社 NEO ACADEMY 代表取締役、一般社団法人日中教育国際交流協会理事。社会人類学、多文化家族の言語教育研究。

主な著作に、「日中国際児の言語学習とその実践——母子間の相互行為を中心に」（『白山人類学』22、2019 年）、「多言語使用にみる「誤用」の効用——児童期の日中国際児を事例に」（『華僑華人研究』18、2022 年）など。

■ リーペレス・ファビオ

東北大学大学院文学研究科専門研究員。文化人類学、移民研究、ストレンジャー論、友人関係。

主な著作に、『ストレンジャーの人類学——移動の中に生きる人々のライフストーリー』（明石書店、2020 年）、「「移動する子ども」のライフストーリーとオートエスノグラフィ——聞き手と語り手と書き手の関係を振り返って」（川上郁雄・三宅和子・岩崎典子編『移動とことば 2』、くろしお出版、2022 年）など。

フォビアがいっぱい
——多文化共生社会を生きるために

2022 年 9 月 28 日　初版発行

編者	高山陽子 たかやま・ようこ
発行者	三浦衛
発行所	春風社 Shumpusha Publishing Co.,Ltd.

横浜市西区紅葉ヶ丘 53　横浜市教育会館 3 階
〈電話〉045-261-3168　〈FAX〉045-261-3169
〈振替〉00200-1-37524
http://www.shumpu.com　✉ info@shumpu.com

装丁	中本那由子
印刷・製本	シナノ書籍印刷株式会社